GODSPEED

SCHWARZKOPF & SCHWARZKOPF VERLAG

KURT COBAIN, 1967-1994

PETER DOGGETT

Dieses Buch beginnt und endet mit Selbstmord, aber man sollte nicht den Fehler begehen, eine Geschichte des Versagens zu erwarten. Kurt Cobain tauchte zeitgleich mit dem erwachenden Medienbewusstsein fürs Slacker-Phänomen der Generation X ins Licht der Öffentlichkeit, und wenn sein strähniges Haar ihm wie Scheuklappen ins Gesicht hing und seine Augen die Nichtigkeit der Heroinsucht widerspiegelten, ging er als Archetyp dieser Spezies durch. Doch obwohl er verlebt aussah, war sein Leben es ganz sicher nicht. Wenn man es mit einem Wort zusammenfassen will, sollte man nicht den Begriff Versagen, sondern Heldentum bemühen – als die Art von Mut, die den Kampf um Anmut und geistige Gesundheit angesichts schier unüberwindbarer Hindernisse beschreibt. Vor fünfhundert Jahren wurden Helden durch Statuen und Gemälde unsterblich gemacht, und ihre Bilder wurden noch lange nach ihrem Tod dazu benutzt, patriotischen Wahn und religiösen Eifer heraufzubeschwören. In der heutigen Welt landen Helden auf T-Shirts. Und es gibt gewisse Helden, die nach ihrem Tod mehr Macht erlangen, als man zu ihren Lebzeiten je für möglich gehalten hätte.

Ein oder zwei Beispiele. Schauspieler James Dean hatte in den Fünzigern kaum Zeit, sich seiner Wirkung auf die amerikanische Jugend bewusst zu werden, bevor er bei einem Autounfall starb. Er war mit seiner wenig wortgewandten, aber bezwingenden Leinwandpräsenz aufgefallen und wurde rasch zum Symbol für die missverstandene Jugend der westlichen Welt. Hätte er gelebt, wäre er jetzt in seinen Siebzigern; stattdessen bleibt er ewig 23. Ein weiteres vorzeitiges Todesopfer war Jim Morrison, Sänger der Doors und Vorzeigekind der Sechzigergeneration. Als er 1971 eine Überdosis nahm, war er bereits nur noch eine aufgedunsene, bärtige, torkelnde Parodie des selbstgestylten Lizard King und Sexgottes, der 1967 die Kluft zwischen Teeniebop und Rock überbrückte. Er hatte sich selbst nicht nur als Rockstar, sondern auch als Philosoph und Dichter angekündigt, aber volle zehn Jahre lang, nachdem er in einer Pariser Badewanne den letzten Atemzug getan hatte, blieb er lediglich als einer aus der Reihe verlorener Stars, deren Tod das Ende des Hippietraums der sechziger Jahre zu kennzeichnen schien, im Bewusstsein der Menschen – Jimi Hendrix, Janis Joplin, Jim Morrison. Anfang der Achtziger gab es dann eine Bestsellerbiografie und einen Hollywoodfilm, und plötzlich tauchte Jim auf der Brust jedes schwarzgekleideten Teenagers der Stadt auf; die unwahrscheinlich glamouröse Ikone eines dem Untergang geweihten Idealismus, der sich bereits vor Jim Morrisons Tod durch seinen körperlichen und geistigen Verfall offenbart hatte.

Oberflächlich betrachtet könnte man Kurt Cobain für eine weitere T-Shirt-Fantasie halten, ein Vorzeigekind mit Verzweiflung in den Augen, dessen gehetzter Blick die Bedeutung des Wortes unter seinem Gesicht Lügen straft: Nirvana. Seit seinem Tod ist ungefähr ein Jahrzehnt vergangen, und schon sieht man sein gequältes Antlitz auf der Kleidung von Jugendlichen, deren einzige musikalische Berieselung während Kurts Lebzeiten sich auf Fernsehgedudel für Kleinkinder beschränkte. Cobain und seine Band sind zum Markenzeichen für Authentizität in einer Zeit der Leere geworden – ein Status, der die Gefahr birgt, dass er nur als lachhafte Karikatur all dessen überleben wird, das ihn erst groß gemacht hat. Das ist genau der Haken, der Kurt amüsiert hätte, dessen Einstellung zu den Medien aus einer Mischung aus Verachtung und idealistischer Faszination bestand: Er wollte auch an Helden glauben, aber die meisten von ihnen haben ihn früher oder später enttäuscht.

Den Ausgestoßenen, der zum Opfer einer gefühlskalten Welt wird, umgibt immer ein Hauch Romantik – denn, wie der Titel des berühmtesten James-Dean-Films es formuliert, sie wissen nicht, was sie tun. Seit Menschengedenken hat es Rebellen gegeben. Das Besondere an James Dean war die Tatsache, dass er im düsteren Schwarzweiß das ultimative Porträt des missverstandenen Außenseiters schuf – ein Porträt, das den heutigen Zuschauer noch genauso aufwühlt und elektrisiert wie vor 50 Jahren. Solange es Jugendliche gibt, die durcheinander und verstört sind, und Erwachsene, die sie falsch verstehen, wird es immer einen James Dean geben.

Was James Dean auf der Leinwand schaffte, bewirkte Kurt Cobain live und im Studio. Rock'n'Roll entstand als die unverfälschte Stimme der Jugend, und kein anderer hat die Wut, die Verwirrung, das Selbstmitleid und den Schmerz der Jugend jemals so deutlich und eindringlich dokumentiert wie Kurt. Das Rockstartum ist traditionell ein Fantasiezustand, in dem jeder Wunsch, ob sexuell, materiell oder chemisch, befriedigt werden kann. Star zu sein ist der definitive Machttrip. Wenn ein Star etwas haben will, ob Droge oder Drink, Junge oder Mädchen, Auto oder Privatflugzeug, muss er nur drum bitten, und schon stehen ein Dutzend Lakaien bereit.

Wie Elvis Presley oder Jimi Hendrix oder auch Jim Morrison sicherlich bestätigen könnten, bedeutet absolute Macht auch absolute Korruption, und sobald die Wirkung der Pillen nachlässt und die Groupies nach Hause gegangen sind, kehrt Langeweile ein. Aber keiner dieser übersättigten Idole erkannte den tödlichen Fehler in ihrem Vergnügungsplan, bis es zu spät war. Und mit Sicherheit fühlte sich keiner von ihnen dazu in der Lage, das Vakuum im Herzen des Stardaseins zu offenbaren, während die Welt sie anbetete und jede ihrer Bewegungen beobachtete.

Vorhang auf für Kurt Cobain, den Mann, der das Grundgerüst zum Wanken brachte, auf dem der Rock'n'Roll errichtet war. Er tat es nicht mit Absicht – nein, er wollte berühmt werden, denn er stellte sich vor, dass er mit dieser ultimativen Macht die Probleme wegwischen könnte, die ihm seit seinem neunten Lebensjahr zusetzten. Er entdeckte bald, dass Reichtum und Ruhm ihm Frauen, eine unbegrenzte Auswahl an Drogen, einen ausschweifenden Lebensstil und Zimmer in Fünfsternehotels auf der ganzen Welt bescherten. Abgesehen davon änderte sich jedoch nichts. Er hatte immer noch die gleichen Bauchschmerzen wie als kaputter Teenager in Aberdeen, Washington. Heroin linderte den Schmerz, und mit den Tantiemen von Nirvana konnte er sich Heroin ohne Ende besorgen, aber das Heroin zerrüttete jede zwischenmenschliche Beziehung und ließ ihn mit einem großen Hass auf die eigene Schwäche und Abhängigkeit allein zurück. Mit oder ohne Drogen fühlte sich Cobain immer noch leer, abgewiesen und ungeliebt. So hatte er sich seit der Trennung seiner Eltern gefühlt, und sogar die Frau seiner Träume – die ebenso extreme und geschädigte Courtney Love – konnte die Leere nicht füllen.

So weit, so vorhersehbar. Der Unterschied zu seinen Vorgängern war, dass Kurt Cobain das Mittel seines Ruhmes, nämlich die Musik, dazu benutzte, der Welt seine innere Leere zu offenbaren. Er rechnete sich selbst seinen Ruhm nicht an – bis zum Schluss selbstzerfleischend, wurde er nach und nach von der körperlichen und geistigen Krankheit eingeholt, die ihn während seiner letzten Jahre verfolgte, und er brachte sich um, um nicht einen Tag länger in der eigenen hypersensiblen Haut verbringen zu müssen. Seine Geschichte ist aber nicht nur eine weitere schmerzliche Fall-Studie. Sogar während er sich eingestehen musste, dass er nicht gegen die eigenen Dämonen ankam, stellte Kurt denjenigen, die nach ihm kamen, eine Landkarte mit einem Überlebensweg zur Verfügung, dem sie folgen konnten.

»Die Menschen in dieser Stadt lassen sich schwer für irgendwas begeistern. Sie unternehmen überhaupt nichts. Diese Stadt leidet an einer Depression – und an Alkoholismus.« Kurt sprach von Aberdeen, der Holzfällerstadt im Nordwesten der USA, in der er aufwuchs und wo – wie Nirvana-Chronist Brad Morell feststellte – »es nur drei Straßen gibt, die aus der Stadt hinausführen, und bei zweien davon handelt es sich um Sackgassen.« Genauso gut träfe diese Beschreibung jedoch auf seine Generation zu, die im Schatten unersättlicher Großkonzerne und des amerikanischen Materialismus aufwuchs und dazu erzogen wurde zu konsumieren und zufrieden zu sein, gleichzeitig aber wegen ihrer Armut und den dadurch begrenzten Möglichkeiten zu ewiger Unzufriedenheit verdammt war.

Der chronische Außenseiter war zugleich der Poet einer bisher undokumentierten Sippe: eine Ironie, die ihn wahrscheinlich amüsiert hätte. Selbst in einem Winkel des Staates Washington, in dem Kultur gleichbedeutend mit Fernsehen war, wo alle hinterm Mond lebten und die Welt erst fünf Jahre später ankam, genoss der junge Kurt ein Gefühl der Sicherheit, bis diese ihm entzogen wurde. »Bis zu meinem neunten Lebensjahr hatte ich eine glückliche Kindheit«, erklärte er. »Dann nahm mich ein klassischer Fall von Scheidung ziemlich heftig mit, und ich wurde ständig zwischen Verwandten hin- und hergeschoben. Ich wurde ziemlich depressiv und zog mich immer mehr zurück.« Seine Mutter Wendy beobachtete die Veränderung, konnte aber nichts dagegen tun. »Es zerstörte sein Leben. Er veränderte sich total. Ich glaube, er schämte sich. Er wurde sehr in sich gekehrt – er ließ einfach nichts raus. Er wurde auch sehr schüchtern. Ich glaube, er leidet noch immer.«

Der Behaglichkeit und Sicherheit seines Heimes beraubt zu werden machte zwangsläufig einer Störungszone Platz, die jeden Bereich seines Lebens untergrub. Jahre später kommentierte er seine Schulzeit mit den Worten: »Ich fühlte mich befremdet. Ich war verwirrt. Ich verstand nicht, warum ich nicht mit den Typen an der Schule abhängen wollte. Erst viel später verstand ich, warum – ich habe mich nicht mit ihnen identifiziert weil sie überhaupt nichts mit Kunst oder Kultur anfangen konnten. 99 % der Einwohner von Aberdeen hatten keine Ahnung von Musik. Oder Kunst.«

Während der Pubertät – einer Zeit, in der Unsicherheiten und Qualen sowieso schon hormonell vorprogrammiert sind – erstreckte sich Cobains Gefühl der Unzugehörigkeit auf seine Sexualität. »Ich fand keins der Mädchen auf meiner Highschool attraktiv«, erinnert er sich. »Sie hatten fiese Frisuren und abgefuckte Einstellungen. Also versuchte ich eine Zeit lang, schwul zu sein.« Dieser Plan war alles andere als dazu geeignet, seine Beliebtheit bei den Gleichaltrigen zu erhöhen, besonders in der traditionsbewussten, homophoben Umgebung eines abgeschiedenen amerikanischen Städtchens.

»Seit meinem 14. Lebensjahr stand ich in dem Ruf, schwul zu sein. Das war ganz cool, weil ich einige schwule Freunde in Aberdeen fand – was fast unmöglich war. Natürlich wurde ich wegen meines Umgangs mit ihnen oft verprügelt. Vorher dachten die Leute einfach nur, dass ich seltsam sei, irgend ein gestörter Typ halt. Aber als ich erst mal in der Schwulenschublade steckte, besaß ich plötzlich die Freiheit, ein Freak zu sein und den Leuten zu vermitteln, dass sie sich lieber von mir fernhalten sollten. Das sorgte auch für einige gruselige Erlebnisse in den Gassen auf dem Heimweg von der Schule.«

Einsam und verwirrt, zurückgewiesen und misshandelt, sexuell verunsichert und mit einem zerrütteten Elternhaus, entdeckte Kurt die Musik als Ventil für seinen Schmerz. In seinem Zimmer eingeschlossen stellte er fest, dass alles von KISS bis hin zu den Beatles seine Beklemmungen lindern konnten – und später, dass er sich noch größere Erleichterung verschaffen konnte, indem er seine eigenen Melodien und Texte schuf. »Meine frühen Songs waren alle sehr zornig«, bemerkte er später, was kaum verwunderlich ist. Aber seine Leidenschaft für Musikhören, -spielen und -schreiben gab nicht nur seinem Alltag einen Sinn, sondern brachte auch eine unerwartete Belohnung mit sich: Eine Gemeinschaft ebenso ausgeschlossener und andersartiger Jugendlicher nahm ihn als einen der Ihren auf.

Kurt fühlte sich mit jedem in Aberdeen verbunden, der sich außerhalb des Mainstream bewegte, und er entdeckte den Punkrock in all seinen Ausartungen und streng unterteilten Subkulturen. Der Punk war direkt, ehrlich, scheute die Auseinandersetzung nicht und suhlte sich im eigenen abgewrackten Elend; und dort fand Kurt die Gelegenheit dazuzugehören. Das Hauptprinzip des Punk bestand in seiner Allgemeingültigkeit: Er nahm jeden auf, der sich mit ihm identifizierte. Der Weg zu Nirvana tat sich langsam auf.

Zwischen Nirvanas erstem Demoband und ihrem Debütalbum lagen drei Jahre, nach zwei weiteren waren sie weltberühmt. »Nirvana sind unglaublich missverstanden«, vermutet Jonathan Poneman, der zynische Chef ihres ersten Plattenlabels Sub Pop. »Keiner hört zu, was diese Band zu sagen hat. Die Themen und Texte der Songs sind völlig ohne Bedeutung. Bedeutend ist nur, dass sie mit den Menschen eine Verbindung eingehen.« Kurt Cobain war sich auch nicht sicherer darüber, was er tat, oder aus welchen Günden: »Als ich diese Songs schrieb, wusste ich ehrlich gesagt nicht, was ich damit aussagen wollte. Es wäre zwecklos, wenn ich auch nur versuchen würde, sie zu analysieren oder erklären.« Kris Novoselic, der Bassist von Nirvana, lieferte eine halbwegs verständlichere Beschreibung ihres Ziels: »Wir sagen nur, seid wachsam. Da draußen gibt es Informationen. Benutze sie.«

Aber er schrieb die Songs nicht, und er lebte auch nicht in Kurts Kopf. Kurt bewarb sich sicher nicht als Sprachrohr einer ganzen Generation. Er propagierte keine zusammenhängende Philosophie, er führte keinen Kreuzzug, er war nicht mit einer raffinierten PR-Strategie gewappnet. Mit dem Ruhm wuchsen auch seine Verwirrung und sein Selbstekel. Zwischen dem kurzzeitigen Hochgefühl darüber, zum international gefeierten Rockstar geworden zu sein, und dem Kundtun seiner Absicht, Nirvanas nächstes Album »I Hate Myself And I Want To Die« zu nennen, lag kein großer Schritt. Und er log nicht, nicht eine Sekunde lang.

Den Kurt-Cobain-Doppelgängern, die seine wirre und gefährliche Wanderung durch das Minenfeld des Stardaseins verfolgten, boten Kurts Verwirrung und Desillusionierung einen seltsamen Trost.

Vor Nirvana waren die amerikanischen Rockstars zu Cartoonfiguren geworden – im Fall von Bands wie KISS sogar wörtlich –, die sich an ihrer Transformation von Rockern des alten Handwerks zu überlebensgroßen Fratzen erfreuten. In den Achtzigern spie der amerikanische Rock eine Reihe vermeintlicher Idole aus, deren einziger Verbindungspunkt zum Publikum darin bestand, das Geld der Armen an die Reichen weiterzuleiten. GunsN'Roses, W*A*S*P und Co. kleisterten sich mit schriller Schminke zu, machten Kohle mit ihrer Pseudowut und ihrer gehypten Popularität und ließen den Geist der Rebellion zur Parodie verkommen. Sie verlangten wegen ihrer Berühmtheit und ihres Reichtums angebetet zu werden und brachten jedem Verachtung entgegen, der nicht mit ihren Swimmingpools in Hollywood und ihrem Kokainkonsum mithalten konnte.

Obwohl Cobain als Teenager vom Humor und den unverzagt poppigen Ohrwürmern von KISS beeindruckt gewesen war, fühlte er sich von ihren Trittbrettfahrern abgestoßen – und noch schlimmer von der kriecherischen Lobhudelei der Leute, die ihre Platten kauften. Auch wenn er sich stetig von der eigenen Kreativität und geistigen Gesundheit entfernte, vergaß Kurt während seines gesamten Daseins als Star nie den Ekel, den er gegenüber dem lahmen Rock als Business empfunden hatte und die Befreiung und Sinnfindung, die er im Punk gefunden hatte. Getreu seinem geringen Selbstwertgefühl war er härter zu sich selbst als irgendjemand anders. Seine postum veröffentlichten Tagebücher bezeugen den Hass und die Verachtung, die er gnadenlos gegen sich selbst richtete.

Die Musik erzählt aber ihre eigene Geschichte. Kurt war vielleicht ein Purist, was die Punkphilosophie betraf, aber in Bezug auf Plattenaufnahmen war er der geborene Kommunikator. Wie seine Tagebücher belegen, war ihm genau bewusst, was er tat, als er den urzeitlichen Grunge auf Nirvanas Debütalbum *Bleach* auf dem radiofreundlichen *Nevermind* aufpolierte. Und es war ihm ebenso klar, dass der von *Nevermind* heraufbeschworene musikalische Aufruhr, deren Ekstase und melodische Leichtigkeit Nirvana eine ausreichende Anhängerschaft bescheren würden, um ihn in die Lage zu versetzen, eins der kompromisslosesten Alben in der Geschichte des Rock herauszubringen: *In Utero*. Das war schon eine Leistung: nach den eigenen Bedingungen den zynischsten Medienzweig zu erobern, ein Massenpublikum für sich zu gewinnen und es anschließend extrem düsteren Selbstzweifeln auszusetzen, die dem üblichen Chauvinismus im Hardrock entgegengesetzt waren.

»Nirvana sind nur eine Rockband«, schrieb Brad Morrell ein Jahr vor Cobains Selbstmord, „aber sie haben einen Status erreicht, in dem sie eine echte Chance haben, das zeitgenössische Massenbewusstsein zu verändern." Die meisten Stars lassen sich von den Groupies und dem Glitzer des Ruhmes ablenken. Kurt erinnerte sich daran, wie er als Teenager jedes Wort seiner Rockidole begierig in sich aufgesogen hatte. Er benutzte den weltweiten Erfolg von *Nevermind* dazu, den Horizont derjenigen zu erweitern, die ihm nun die gleiche Ehrfurcht entgegenbrachten. Auch als Superstar war das keine leichte Aufgabe. Aber sogar während sein eigenes Leben in die Dunkelheit der Sucht abglitt, verfocht Kurt Ideale, die in der kargen Landschaft des Rock als befremdend galten.

Es hatte schon immer feministische Strömungen und Underground-Schwulenrechtsbewegungen gegeben, aber im Mainstream des amerikanischen Rock galten Frauen immer noch als Wichsvorlagen und Sklavinnen, und Schwule bettelten scheinbar förmlich darum, an den Pranger gestellt zu werden. Kurt hingegen versuchte nicht, seine feminine Seite zu verstecken, er betonte sie sogar. Er trug Klamotten, die David Bowie als »männliches Kleid« bezeichnete, gab Interviews für Schwulenmagazine und erwies sich als einer, dessen einzige Vorurteile denjenigen galten, die Vorurteile hegten. Seine Songs beschäftigen sich mit Gewalt gegen Frauen. Seine Beziehung zu Courtney Love war vielleicht nicht im konventionellen Sinne romantisch, aber sie basierte auf keinem tradierten männlichen Machtgehabe, und seine offensichtliche Zuneigung zu seiner Tochter Frances bewies, dass sogar ein abgestumpfter Rockstar zu einer Art von Liebe fähig war, die nichts mit Sexualität zu tun hatte.

Vor allem verkündete jedes Wort, das er sprach oder sang, davon, dass es in Ordnung – ja, sogar notwendig – sei, Gefühle zu haben, um Mensch zu sein. Kurt hatte für die Posen und vorgetäuschten Attitüden der meisten Rockmusiker nichts als Verachtung übrig; was ihm am Punk zusagte, war dessen emotionale Authentizität. Inmitten von Gleichaltrigen auf sich allein gestellt fand er einen Weg, diese Philosophie in eine Musik umzusetzen, die alle akustischen Voraussetzungen des Mainstreamerfolgs erfüllte.

Gefühle zuzulassen machte Kurt Cobain aber nicht nur für Freuden, sondern auch für Schmerzen empfänglich. Manchmal reichte es aus, seinen fortschreitenden Alltag zu beobachten, um in seinen Schmerz und seine Verzweiflung mit hineingezogen zu werden. Wie ein Seiltänzer, der auch bei der allerersten Probe darauf besteht, kein Sicherheitsnetz zu benutzen, schien er sich ständig kurz vorm tödlichen Fall zu befinden. »Jeder hat geglaubt, dass wir uns selbst zerstören würden, aber das haben wir nicht«, bemerkte er 1992. »Ich dachte es eigentlich auch, weil wir mit einer solchen Wucht abgegangen sind.« Doch bis zu dem Zeitpunkt, an dem sein geistiger Zustand ihn ein letztes Mal in den Abgrund der Verzweiflung stürzen ließ, behielt er das unheimliche Gleichgewicht des wahren Künstlers.

Sogar als er nicht mehr konnte, als er sich einzureden begann, dass sein gequältes Dasein seiner Frau, seinem Kind und seinen Fans schadete, vernachlässigte er nie seine Verpflichtungen. Nachdem die Presse monatelang von Überdosen und Vermittlungsaktionen berichtet hatte, schien sein Selbstmord beinahe unausweichlich, wenn auch gleichzeitig extrem schockierend und unwirklich zu sein. Aber Kurt versuchte nie, so zu tun, als leiste er mehr als seinen Gefühlen treu zu bleiben. Sein Tod war kein Vorbild, sondern die Antwort eines kranken Mannes auf Belastungen und Schmerzen, die er nicht länger ertragen konnte. Sogar in seinen dunkelsten Augenblicken vermittelte sein Leben andere Botschaften: Sei dir selbst treu, steh der Welt offen gegenüber und trau dich vor allem, Gefühle zu haben, anders zu sein und am Leben zu bleiben. Deshalb lebt Kurt Cobain weiter: auf T-Shirts und in Comics und in den Herzen derer, die ihn noch singen hören.

Ich schlafe zwei Stunden am Tag.
Die restliche Zeit träume ich.
GERADE TRÄUME ICH.
MR. SUNSHINE
COMMITS SUICIDE
LIVE
TONIGHT
Melvins
MUDHONEY
THE VELVETINE
SUB POP
SUB POP

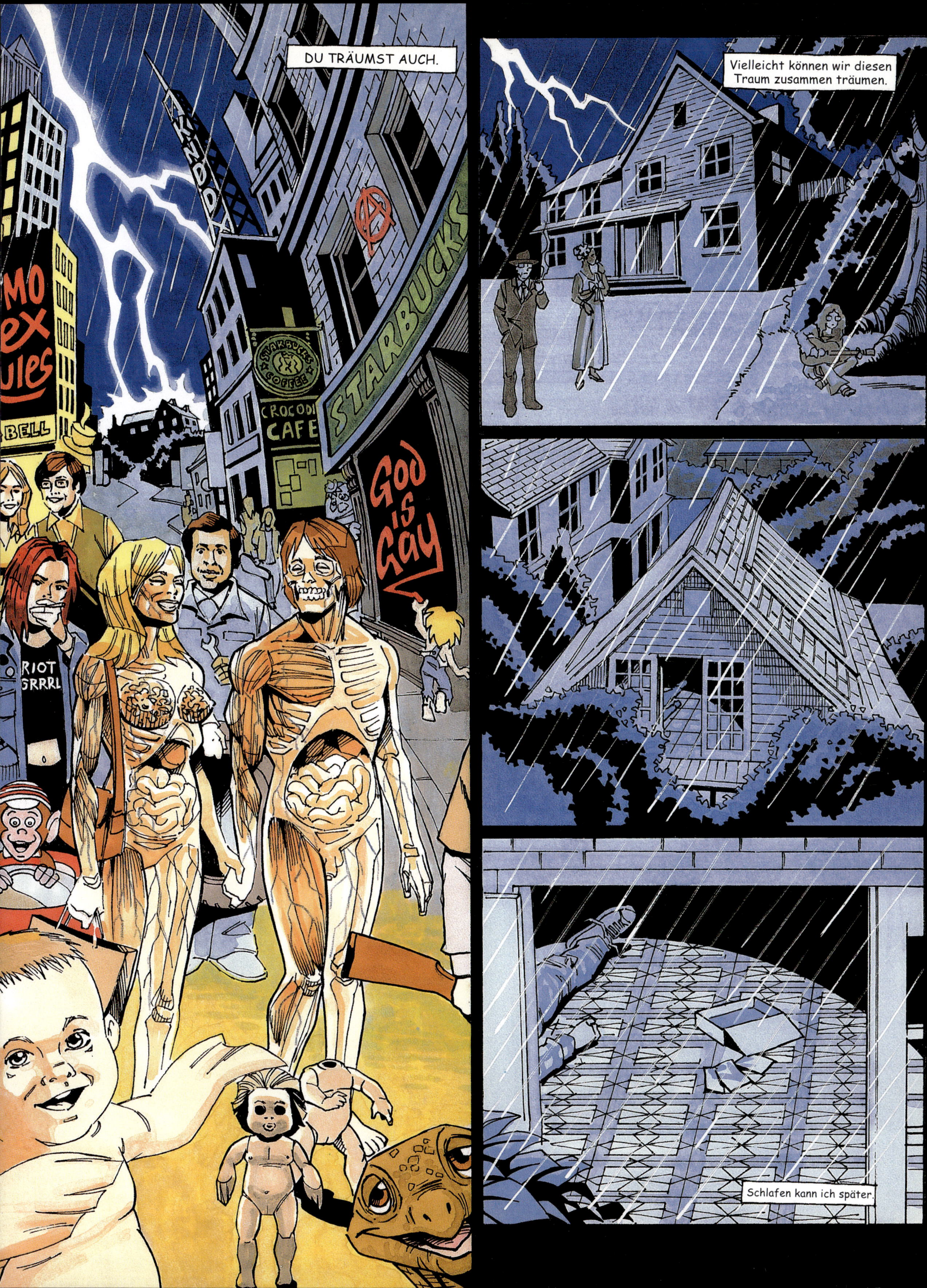

DU TRÄUMST AUCH.
STARBUCKS
CROCODI
CAFE
God is Gay
RIOT GRRRL
Vielleicht können wir diesen Traum zusammen träumen.
Schlafen kann ich später.

Ich war ein glückliches Kind.
I HATE
MO
Sieh mich an ...
... ein ziemlich süßes Kind, oder?
I HATE
MOM AND DA
Findest du nicht?
In Hoquiam, wo drei Flüsse zusammenfließen, wurde Donald und Wendy Cobain ein Sohn geboren.
Ein wahrer Engel.
GRIM'S FAIRY TALE

Ich weiß noch, wie ich auf dem Fuzzytop Mountain hoch über Aberdeen Schlitten fuhr. Der Schlitten glitt über die vielen Diamanten hinweg, und das Herz schlug mir bis zum Hals.
Ich weiß noch, wie ich meine kleine Schwester Kim vom Wagen ins Haus trug. Neugeboren. **Perfekt.**
Ich weiß noch, wie meine Mutter mir das »Bozo Bear«-Schlagzeug aus dem Laden mitbrachte. Bald trieb ich sie damit an den Rand des Wahnsinns. Für sie war es nur Lärm ...
... aber in meinen Ohren war es wie ... ein Gespräch mit dem Universum.
BOZO BEAR
Ich weiß noch, wie sehr ich die Stimmen meiner Eltern liebte ... Ich liebte die Gutenachtgeschichten meiner Mutter, die in meiner Fantasie Blüten trieben wie nichts anderes.
Ich liebte den beruhigenden Tonfall meines Vaters, der mich aus meinen Albträumen riss.
Aber im Lauf der Jahre schienen die Stimmen lauter zu werden.
Und sie fingen an, durch die Wand zu kommen.
BLAHBLAH!
Eines Tages gehörten die Stimmen nicht mehr Mama und Papa.
Sie gehörten Wendy und Don.
Ich erinnere mich an alles.
BOZO BEAR

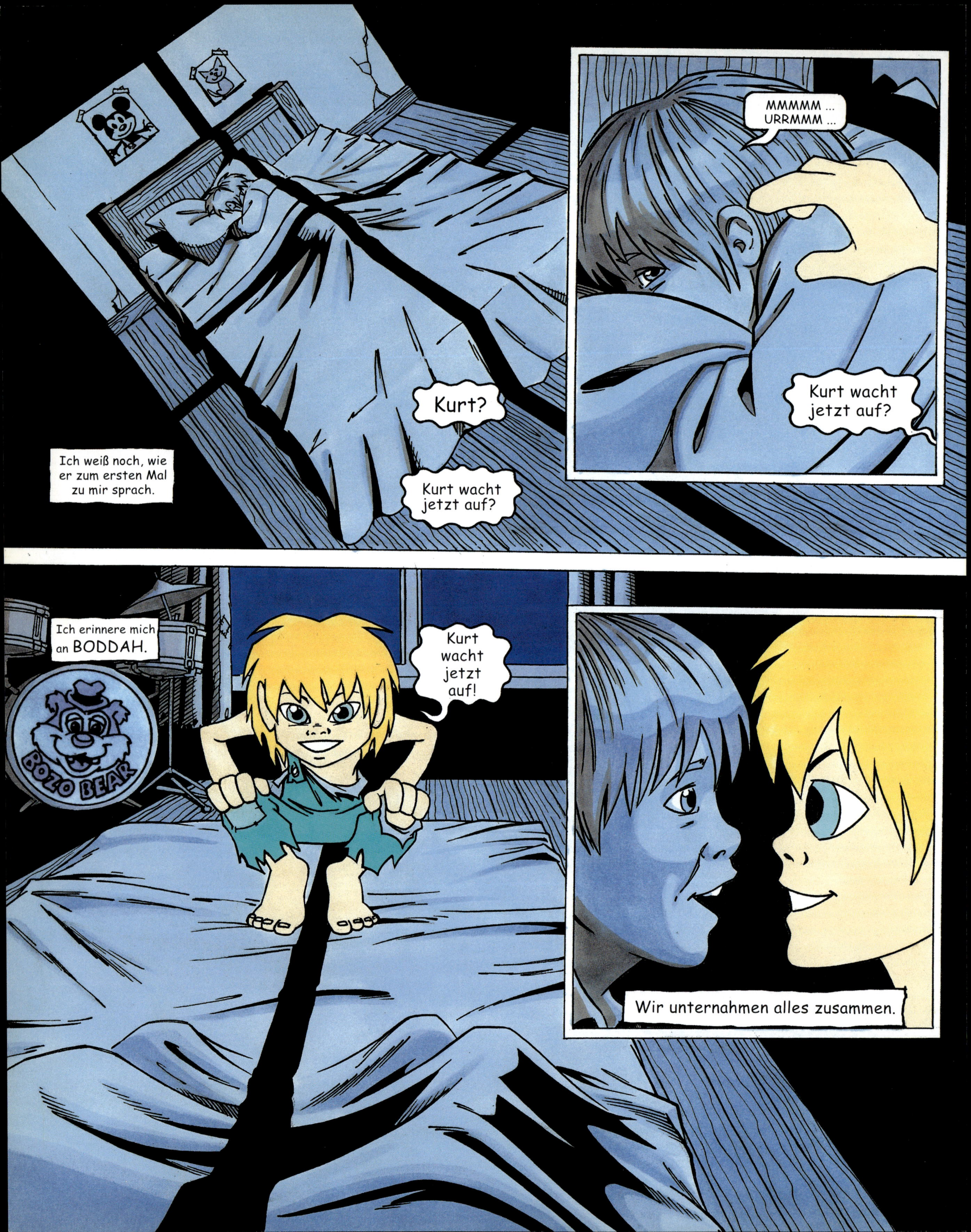

MMMMM ...
URRMMM ...
Kurt?
Kurt wacht jetzt auf?
Ich weiß noch, wie er zum ersten Mal zu mir sprach.
Kurt wacht jetzt auf?
Ich erinnere mich an BODDAH.
BOZO BEAR
Kurt wacht jetzt auf!
Wir unternahmen alles zusammen.

Wir hörten die Beatles-Platten meiner Mutter und sangen zu den wunderschönen außerirdischen Klängen mit.
Na ja, singen nicht unbedingt ...
... wir schrien eher.
THE BEATLES
Wir schrien in den Raum hinein, einfach weil es sich gut anfühlte.
Wenn der Regen von den Hügeln runterströmte und auf Aberdeen pisste, saßen wir in meinem Zimmer und malten Bilder.
Ich schenkte sie meiner Mutter, und manchmal hängte sie sie an die Wand.
Wenn die Stimmen durch die Wand kamen, sah ich mir die Bilder an.
Als ich acht Jahre alt war, sagten meine Eltern, dass ich jetzt groß genug sei, um allein zu meinen Großeltern nach Arizona zu fliegen.
Aber ich war nicht allein: Boddah war sehr flexibel.
Er machte mich furchtlos.
Außerdem wollten wir nach Disneyland: Das ließ sich Boddah nicht entgehen.
Boddah zeigte mir, dass meine Fantasie nicht am Ende unseres Rasens aufhören musste. Sie konnte sich weiter in die Straßen von Aberdeen ausdehnen.
Die ganze Stadt wurde mein Spielplatz. Jeder Tag war ein Geschenk, und wir verschlangen jeden neuen Morgen und schröpften den Tag, bis er uns nichts mehr schuldete.
Boddah war mein erster und bester Freund, und wie alle guten Freunde schien er manchmal überall zu sein.
Sein Gesicht erschien in den Wolken eines Januarhimmels. Seine Stimme war flüsternd hinter einem summenden Kühlschrank zu hören.

Er war dabei, wenn Wendy mich zum Arzt brachte. Sie brachte mich oft zum Arzt, und von früh an gewöhnte ich mich an die Leuchtröhren und die Nadeln und die weißen Kittel und die blassen Finger auf meinem jungen Körper.
Er war dabei, als der Arzt meiner Mutter sagte, dass ich an Unterernährung litt. Ich müsse mehr essen. Sie fragte den Arzt, woher ich meine »unerschöpfliche Energie« nahm.
Da meinte der Arzt, ich sei hyperaktiv.
Er verschrieb mir Ritalin, diese hübschen kleinen Pillen.
Sie schmeckten nicht so gut, wie sie aussahen, aber ich mochte sie trotzdem.
Sie machten mich tagsüber müde, was mir gefiel, denn ich träumte so gerne.
Und dann, eines Tages ...
... war er weg.
Na ja, wohl nicht ganz weg.
Einmal sah ich ihn auf dem Rücksitz eines vorbeifahrenden Autos.
Einmal hörte ich, wie er auf einer Kassettenaufnahme, die ich mit dem Kassettenrecorder meiner Tante gemacht hatte, meinen Namen rief.

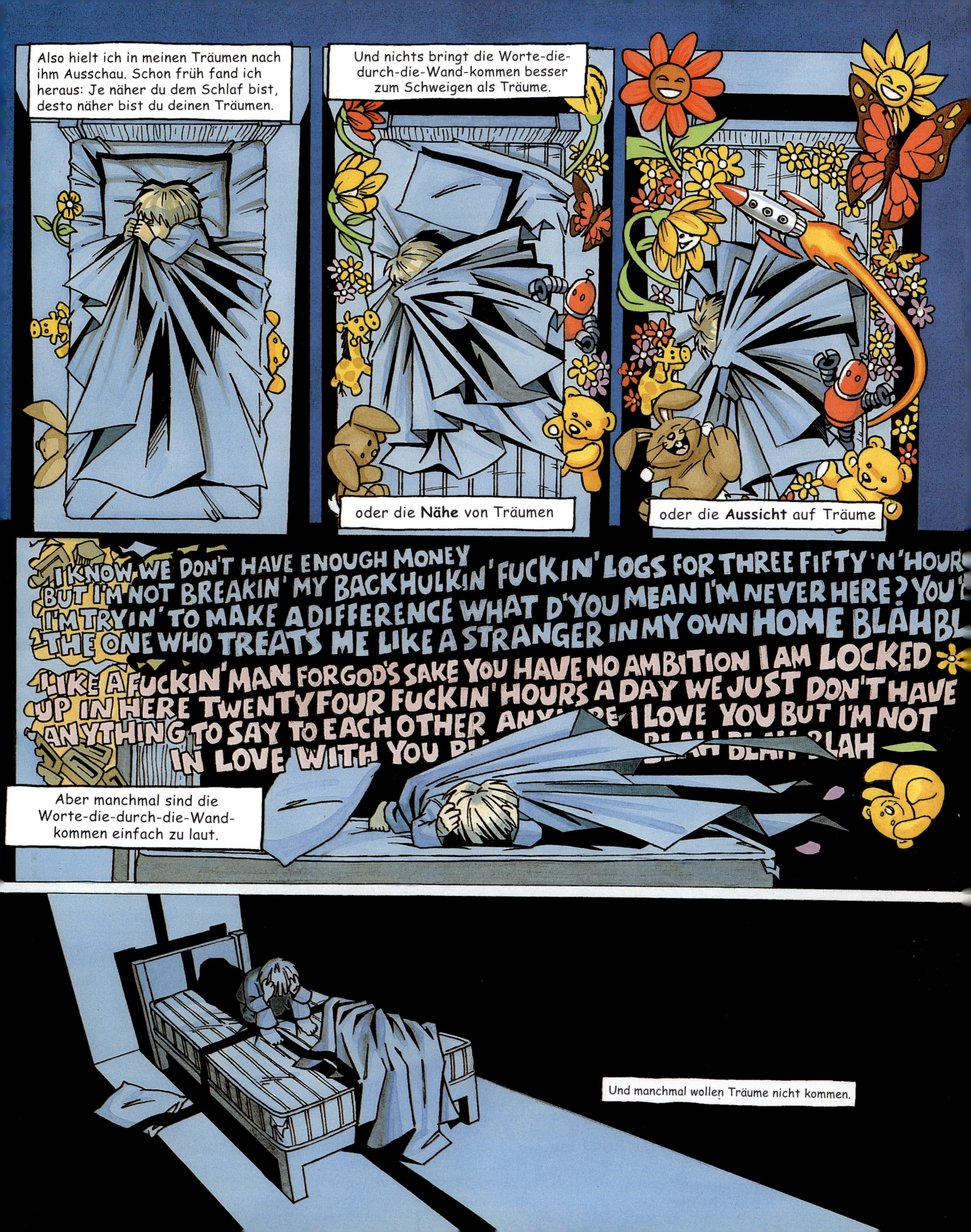

Also hielt ich in meinen Träumen nach ihm Ausschau. Schon früh fand ich heraus: Je näher du dem Schlaf bist, desto näher bist du deinen Träumen.
Und nichts bringt die Worte-die-durch-die-Wand-kommen besser zum Schweigen als Träume.
oder die **Nähe** von Träumen
oder die **Aussicht** auf Träume
I KNOW WE DON'T HAVE ENOUGH MONEY
BUT I'M NOT BREAKIN' MY BACK HULKIN' FUCKIN' LOGS FOR THREE FIFTY 'N' HOUR
I'M TRYIN' TO MAKE A DIFFERENCE WHAT D'YOU MEAN I'M NEVER HERE?
THE ONE WHO TREATS ME LIKE A STRANGER IN MY OWN HOME
LIKE A FUCKIN' MAN FOR GOD'S SAKE YOU HAVE NO AMBITION I AM LOCKED
UP IN HERE TWENTY FOUR FUCKIN' HOURS A DAY WE JUST DON'T HAVE
ANYTHING TO SAY TO EACH OTHER I LOVE YOU BUT I'M NOT
IN LOVE WITH YOU
Aber manchmal sind die Worte-die-durch-die-Wand-kommen einfach zu laut.
Und manchmal wollen Träume nicht kommen.

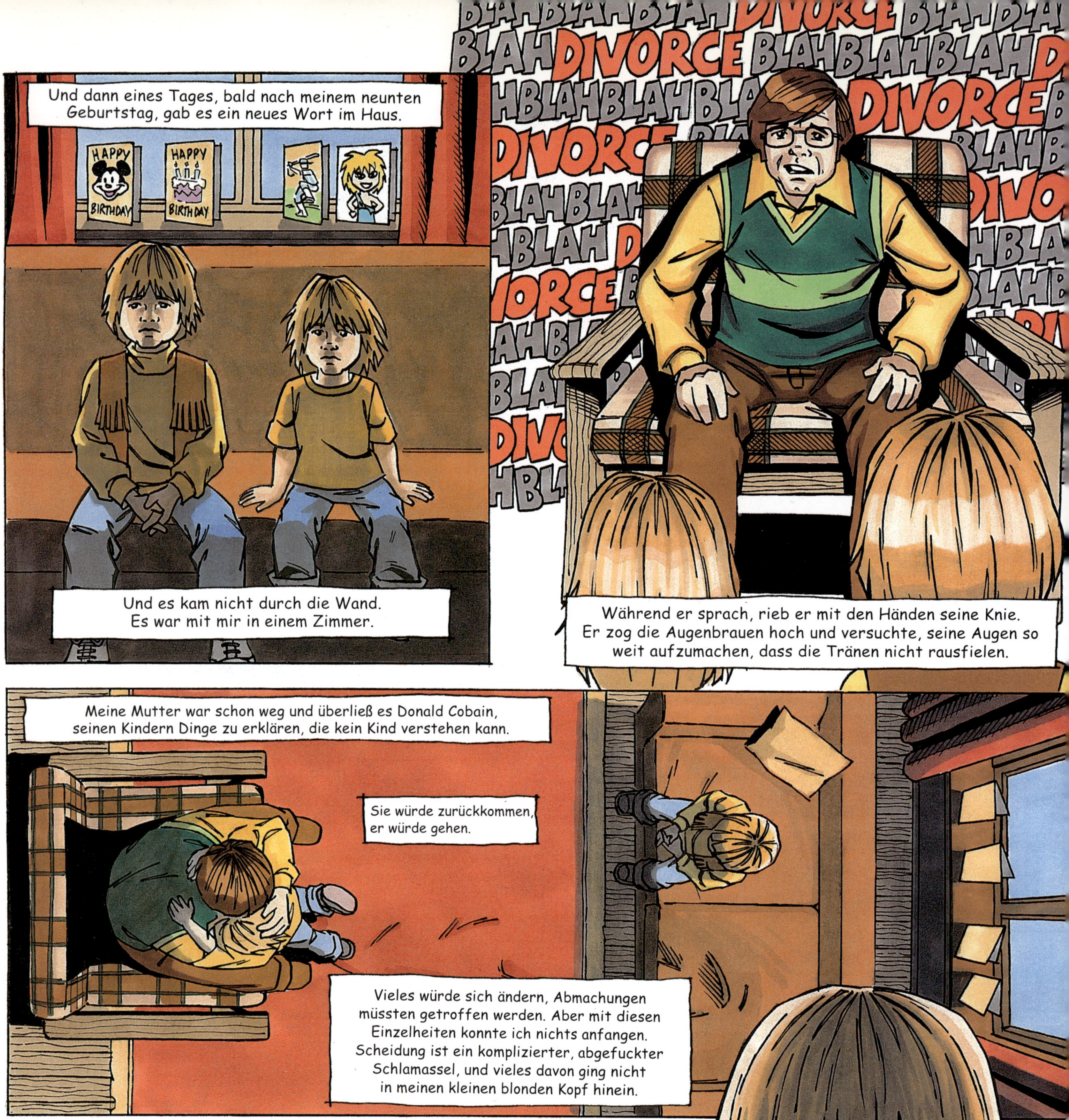

Aber in meinem kleinen blonden Kopf
machte es auf seine eigene Weise Sinn.

Mama hasst Papa. Papa hasst Mama.
Kurt hasst Papa. Papa hasst Mama.

Sie liebten sich nicht mehr, sie hassten sich.

Ich sprang mit ins Boot, und bald kannte
ich mich mit dem Hassen aus.

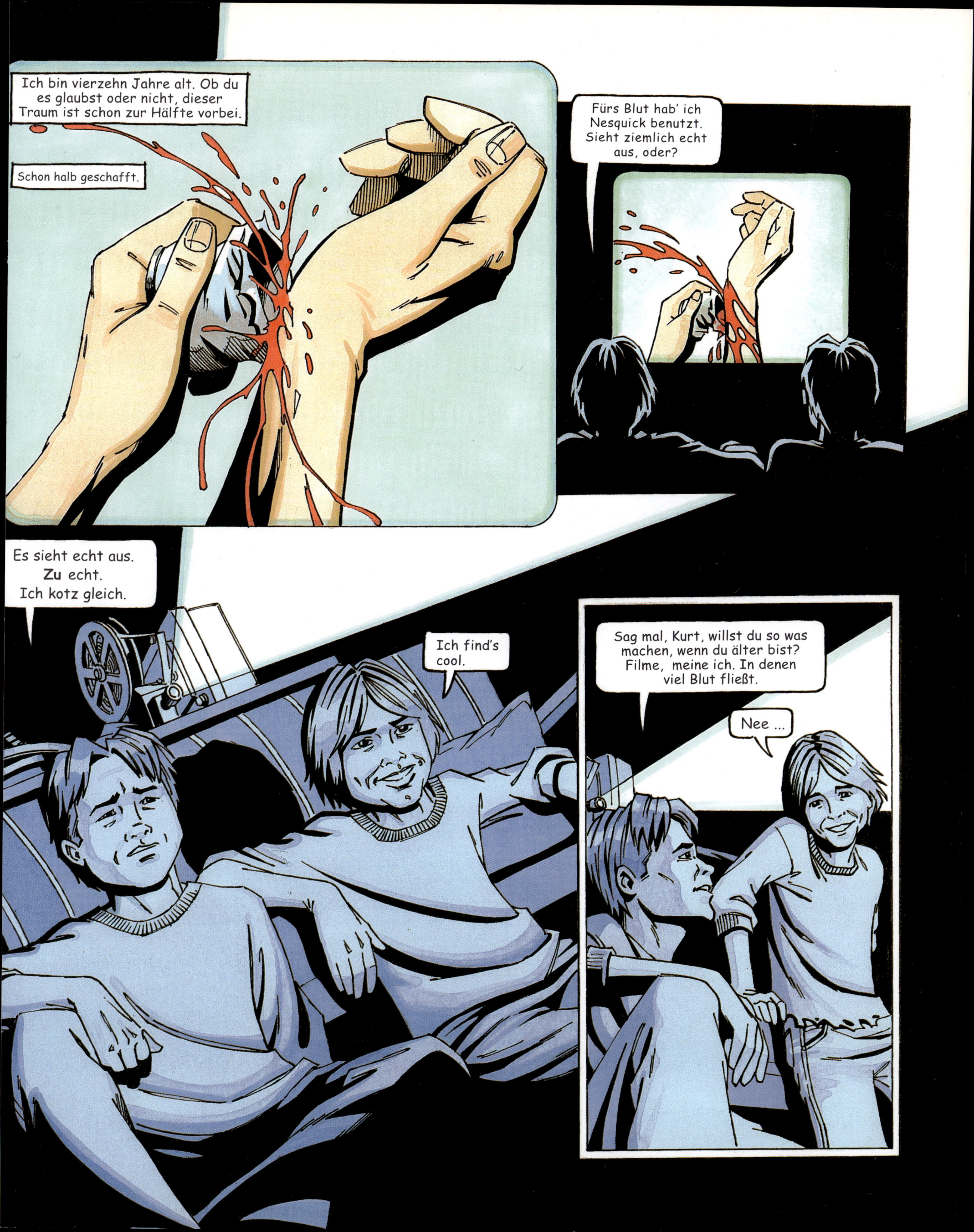
Ich bin vierzehn Jahre alt. Ob du es glaubst oder nicht, dieser Traum ist schon zur Hälfte vorbei.
Schon halb geschafft.
Fürs Blut hab' ich Nesquick benutzt. Sieht ziemlich echt aus, oder?
Es sieht echt aus. **Zu** echt. Ich kotz gleich.
Ich find's cool.
Sag mal, Kurt, willst du so was machen, wenn du älter bist? Filme, meine ich. In denen viel Blut fließt.
Nee ...

Ich werde ein Musiker, ein Superstar ...
Bringe mich um ...
Und trete mit 'nem Scheißurknall ab!
Selbstmord. Flüster es dir zu. Für viele ist Selbstmord die hässliche Realität, sie liegen auf der Schattenseite des Friedhofs begraben, weg von den Augen Gottes. Aber ich erkannte schon früh die Schönheit, die darin liegt.
Für die, die übrig bleiben, ist der Selbstmord wie ein Virus, der im System freigesetzt wird. Ein kranker Witz mit einer Pointe.
Aber für die, die den Mut finden, es wirklich durchzuziehen, ist es anders. Ich stellte mir vor, dass sich der Selbstmord für diese Menschen wie ein Happy End anfühlt.

Wie mein Onkel Burle. Er hatte Mut. Er schoss sich in den Bauch **und** in den Kopf.
Der Bruder von Bill Burghardt hatte den Mut.
Wir sahen eine halbe Stunde lang zu, wie sein Körper an diesem Baum hing, bevor man uns wegführte.
Selbstmord drang schon früh in meine Familie ein. Er war in meine DNA gestampft wie ein Fingerabdruck.
HÖRT MAL. ICH SCHNALL'S NICHT, WIE JEMAND SICH DAS SELBST ANTUN KANN.
Das wäre einfach, Mann. Für mich wär's einfach.
Ich habe Selbstmordgene.

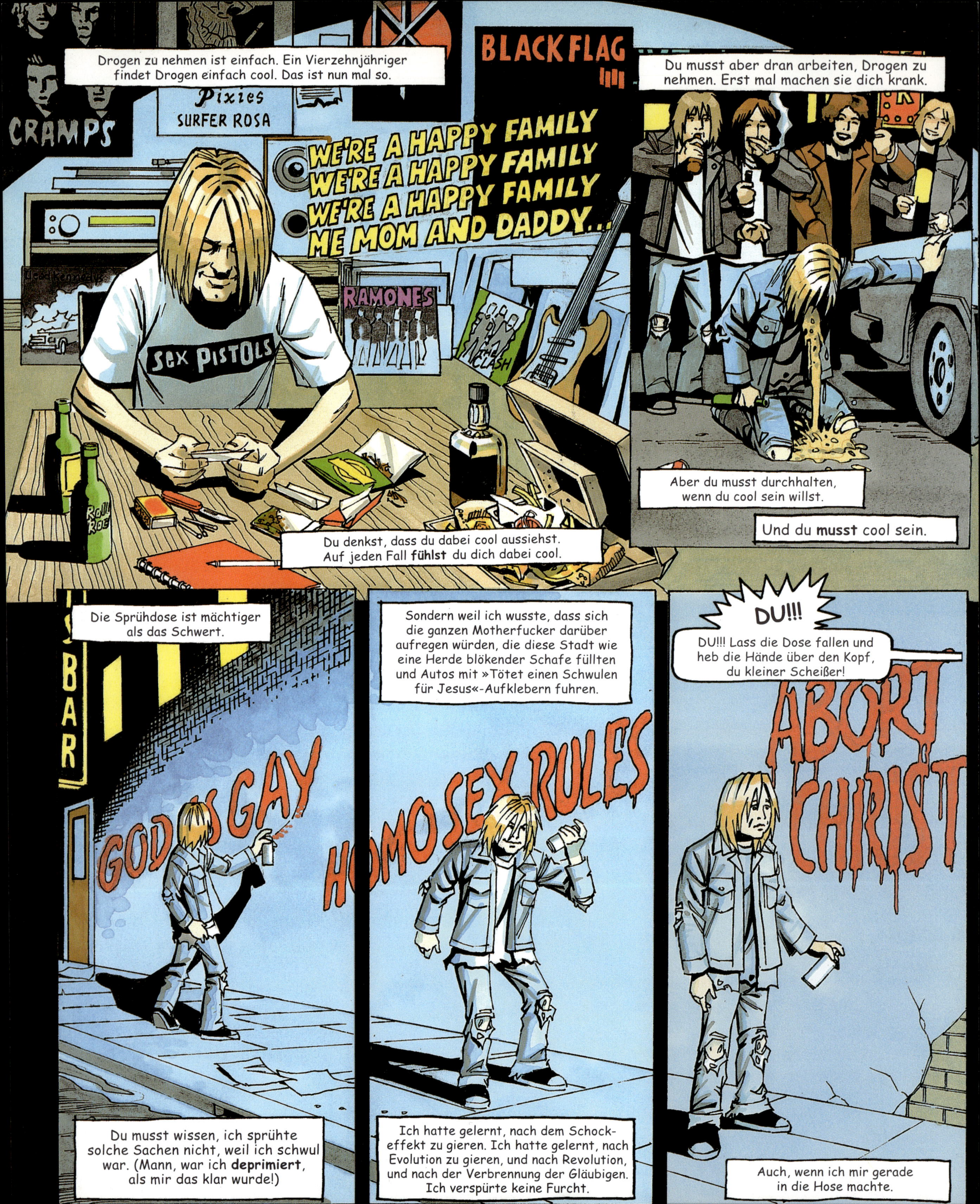
CRAMPS
Pixies
SURFER ROSA
BLACK FLAG
Drogen zu nehmen ist einfach. Ein Vierzehnjähriger findet Drogen einfach cool. Das ist nun mal so.
WE'RE A HAPPY FAMILY
WE'RE A HAPPY FAMILY
WE'RE A HAPPY FAMILY
ME MOM AND DADDY...
SEX PISTOLS
RAMONES
THE CLASH
Du denkst, dass du dabei cool aussiehst. Auf jeden Fall **fühlst** du dich dabei cool.
Du musst aber dran arbeiten, Drogen zu nehmen. Erst mal machen sie dich krank.
Aber du musst durchhalten, wenn du cool sein willst.
Und du **musst** cool sein.
Die Sprühdose ist mächtiger als das Schwert.
BAR
GOD IS GAY
Du musst wissen, ich sprühte solche Sachen nicht, weil ich schwul war. (Mann, war ich **deprimiert**, als mir das klar wurde!)
Sondern weil ich wusste, dass sich die ganzen Motherfucker darüber aufregen würden, die diese Stadt wie eine Herde blökender Schafe füllten und Autos mit »Tötet einen Schwulen für Jesus«-Aufklebern fuhren.
HOMO SEX RULES
Ich hatte gelernt, nach dem Schockeffekt zu gieren. Ich hatte gelernt, nach Evolution zu gieren, und nach Revolution, und nach der Verbrennung der Gläubigen. Ich verspürte keine Furcht.
DU!!!
DU!!! Lass die Dose fallen und heb die Hände über den Kopf, du kleiner Scheißer!
ABORT CHRIST
Auch, wenn ich mir gerade in die Hose machte.

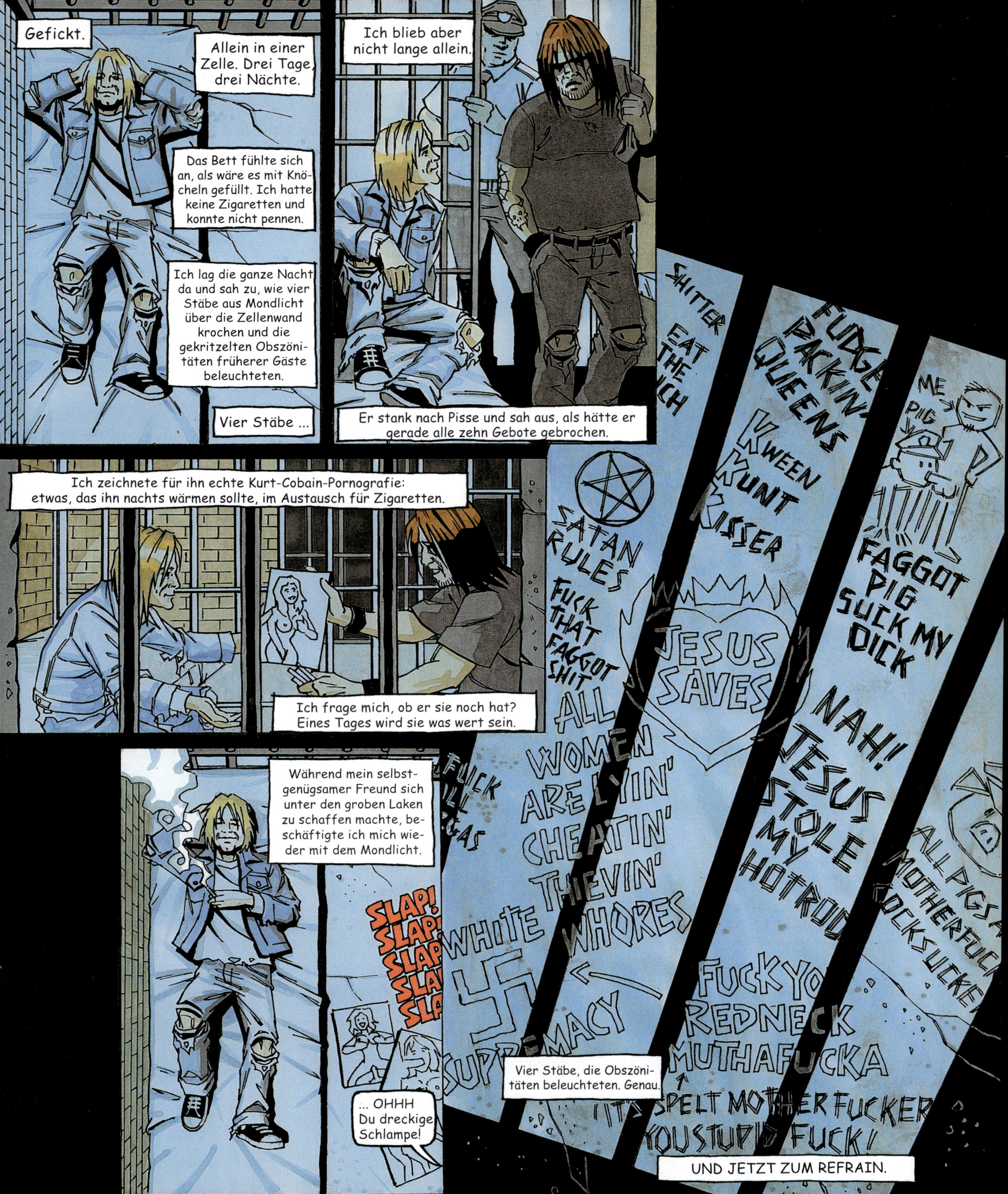
Gefickt.
Allein in einer Zelle. Drei Tage, drei Nächte.
Das Bett fühlte sich an, als wäre es mit Knöcheln gefüllt. Ich hatte keine Zigaretten und konnte nicht pennen.
Ich lag die ganze Nacht da und sah zu, wie vier Stäbe aus Mondlicht über die Zellenwand krochen und die gekritzelten Obszönitäten früherer Gäste beleuchteten.
Vier Stäbe ...
Ich blieb aber nicht lange allein.
Er stank nach Pisse und sah aus, als hätte er gerade alle zehn Gebote gebrochen.
Ich zeichnete für ihn echte Kurt-Cobain-Pornografie: etwas, das ihn nachts wärmen sollte, im Austausch für Zigaretten.
Ich frage mich, ob er sie noch hat? Eines Tages wird sie was wert sein.
Während mein selbstgenügsamer Freund sich unter den groben Laken zu schaffen machte, beschäftigte ich mich wieder mit dem Mondlicht.
SLAP! SLAP!
... OHHH Du dreckige Schlampe!
SATAN RULES
FUCK THAT FAGGOT SHIT
KWEEN KUNT KISSER
JESUS SAVES
ALL WOMEN ARE LYIN' CHEATIN' THIEVIN' WHORES
NAH! JESUS STOLE MY HOTROD
FAGGOT PIG SUCK MY DICK
REDNECK MUTHAFUCKA
IT'S SPELT MOTHER FUCKER YOU STUPID FUCK!
Vier Stäbe, die Obszönitäten beleuchteten. Genau.
UND JETZT ZUM REFRAIN.

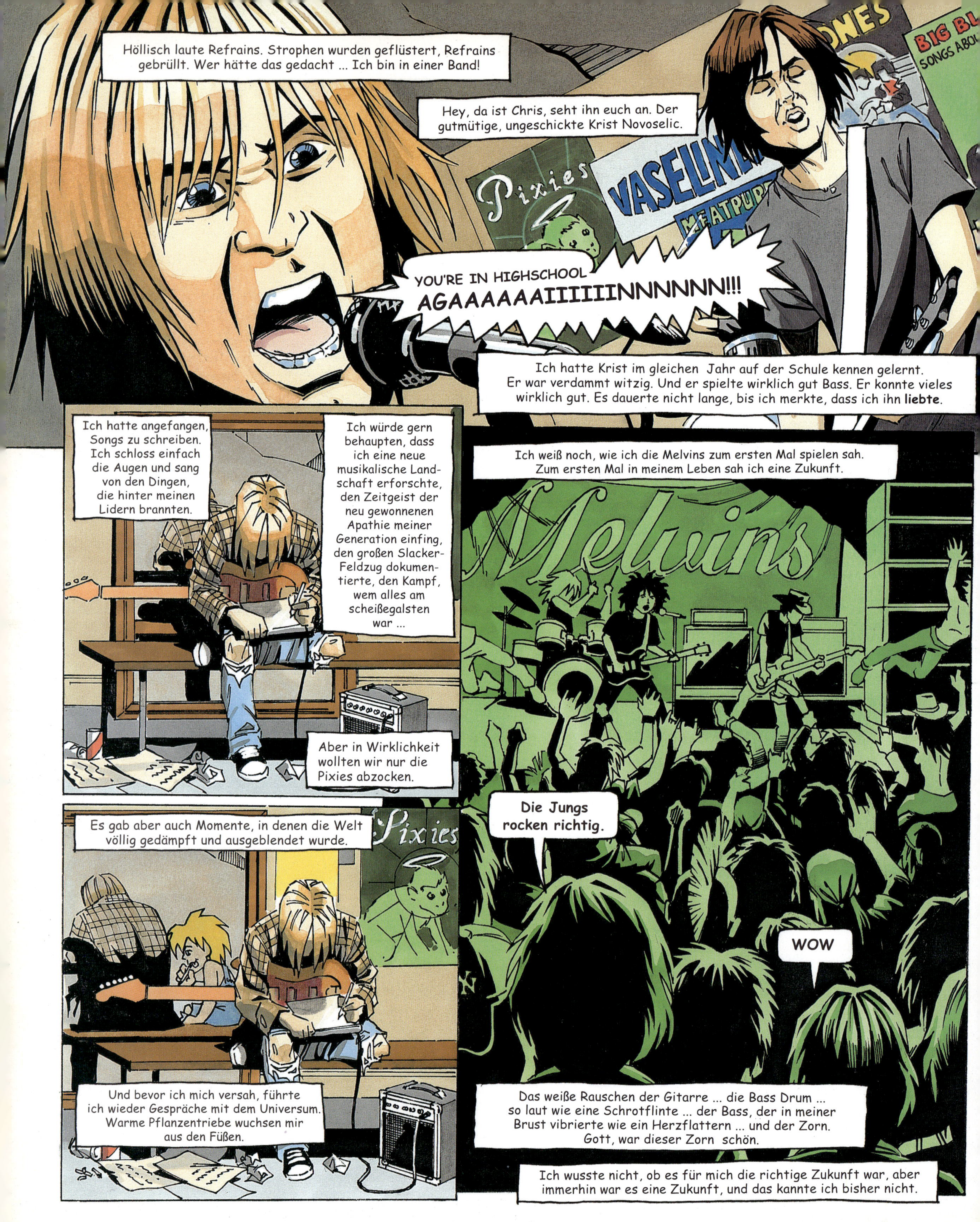
Höllisch laute Refrains. Strophen wurden geflüstert, Refrains gebrüllt. Wer hätte das gedacht ... Ich bin in einer Band!
Hey, da ist Chris, seht ihn euch an. Der gutmütige, ungeschickte Krist Novoselic.
Pixies
VASELINES
YOU'RE IN HIGHSCHOOL AGAAAAAAIIIIIINNNNNN!!!
Ich hatte Krist im gleichen Jahr auf der Schule kennen gelernt. Er war verdammt witzig. Und er spielte wirklich gut Bass. Er konnte vieles wirklich gut. Es dauerte nicht lange, bis ich merkte, dass ich ihn **liebte**.
Ich hatte angefangen, Songs zu schreiben. Ich schloss einfach die Augen und sang von den Dingen, die hinter meinen Lidern brannten.
Ich würde gern behaupten, dass ich eine neue musikalische Landschaft erforschte, den Zeitgeist der neu gewonnenen Apathie meiner Generation einfing, den großen Slacker-Feldzug dokumentierte, den Kampf, wem alles am scheißegalsten war ...
Aber in Wirklichkeit wollten wir nur die Pixies abzocken.
Es gab aber auch Momente, in denen die Welt völlig gedämpft und ausgeblendet wurde.
Pixies
Und bevor ich mich versah, führte ich wieder Gespräche mit dem Universum. Warme Pflanzentriebe wuchsen mir aus den Füßen.
Ich weiß noch, wie ich die Melvins zum ersten Mal spielen sah. Zum ersten Mal in meinem Leben sah ich eine Zukunft.
Melvins
Die Jungs rocken richtig.
WOW
Das weiße Rauschen der Gitarre ... die Bass Drum ... so laut wie eine Schrotflinte ... der Bass, der in meiner Brust vibrierte wie ein Herzflattern ... und der Zorn. Gott, war dieser Zorn schön.
Ich wusste nicht, ob es für mich die richtige Zukunft war, aber immerhin war es eine Zukunft, und das kannte ich bisher nicht.

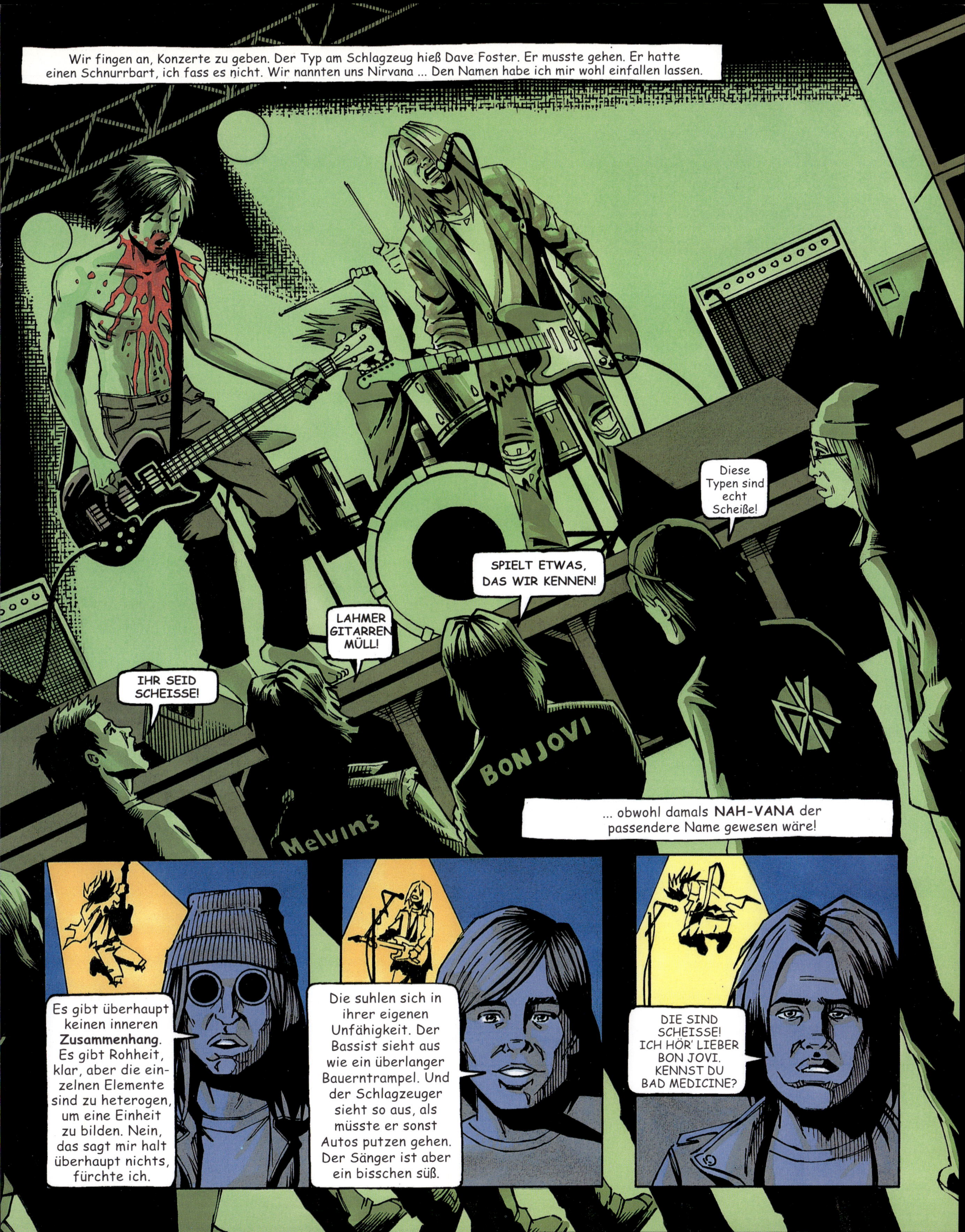
Wir fingen an, Konzerte zu geben. Der Typ am Schlagzeug hieß Dave Foster. Er musste gehen. Er hatte einen Schnurrbart, ich fass es nicht. Wir nannten uns Nirvana ... Den Namen habe ich mir wohl einfallen lassen.
Diese Typen sind echt Scheiße!
SPIELT ETWAS, DAS WIR KENNEN!
LAHMER GITARREN MÜLL!
IHR SEID SCHEISSE!
BON JOVI
Melvins
... obwohl damals NAH-VANA der passendere Name gewesen wäre!
Es gibt überhaupt keinen inneren Zusammenhang. Es gibt Rohheit, klar, aber die einzelnen Elemente sind zu heterogen, um eine Einheit zu bilden. Nein, das sagt mir halt überhaupt nichts, fürchte ich.
Die suhlen sich in ihrer eigenen Unfähigkeit. Der Bassist sieht aus wie ein überlanger Bauerntrampel. Und der Schlagzeuger sieht so aus, als müsste er sonst Autos putzen gehen. Der Sänger ist aber ein bisschen süß.
DIE SIND SCHEISSE! ICH HÖR' LIEBER BON JOVI. KENNST DU BAD MEDICINE?

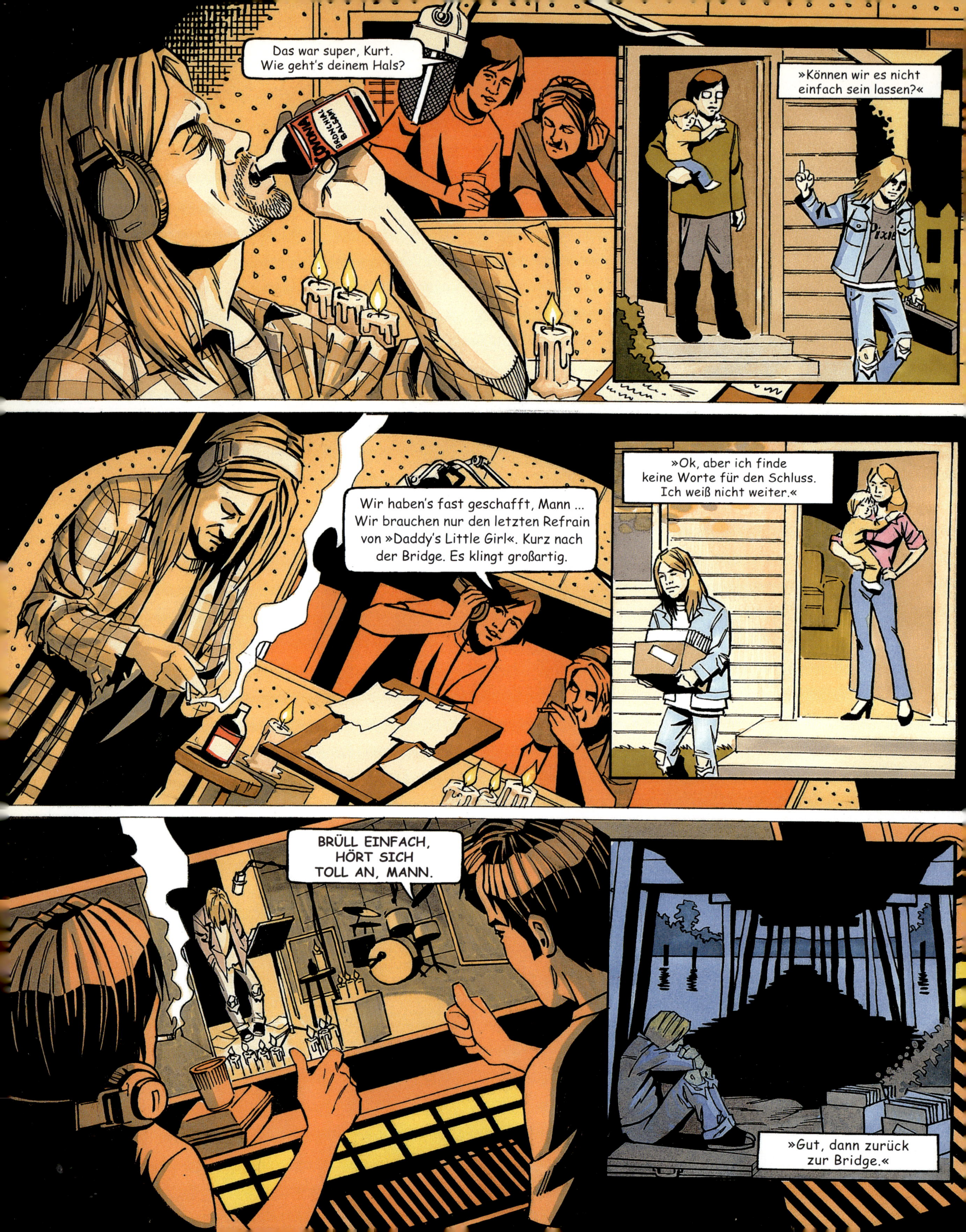

Das war super, Kurt. Wie geht's deinem Hals?
»Können wir es nicht einfach sein lassen?«
Pixie
Wir haben's fast geschafft, Mann ... Wir brauchen nur den letzten Refrain von »Daddy's Little Girl«. Kurz nach der Bridge. Es klingt großartig.
»Ok, aber ich finde keine Worte für den Schluss. Ich weiß nicht weiter.«
BRÜLL EINFACH, HÖRT SICH TOLL AN, MANN.
»Gut, dann zurück zur Bridge.«

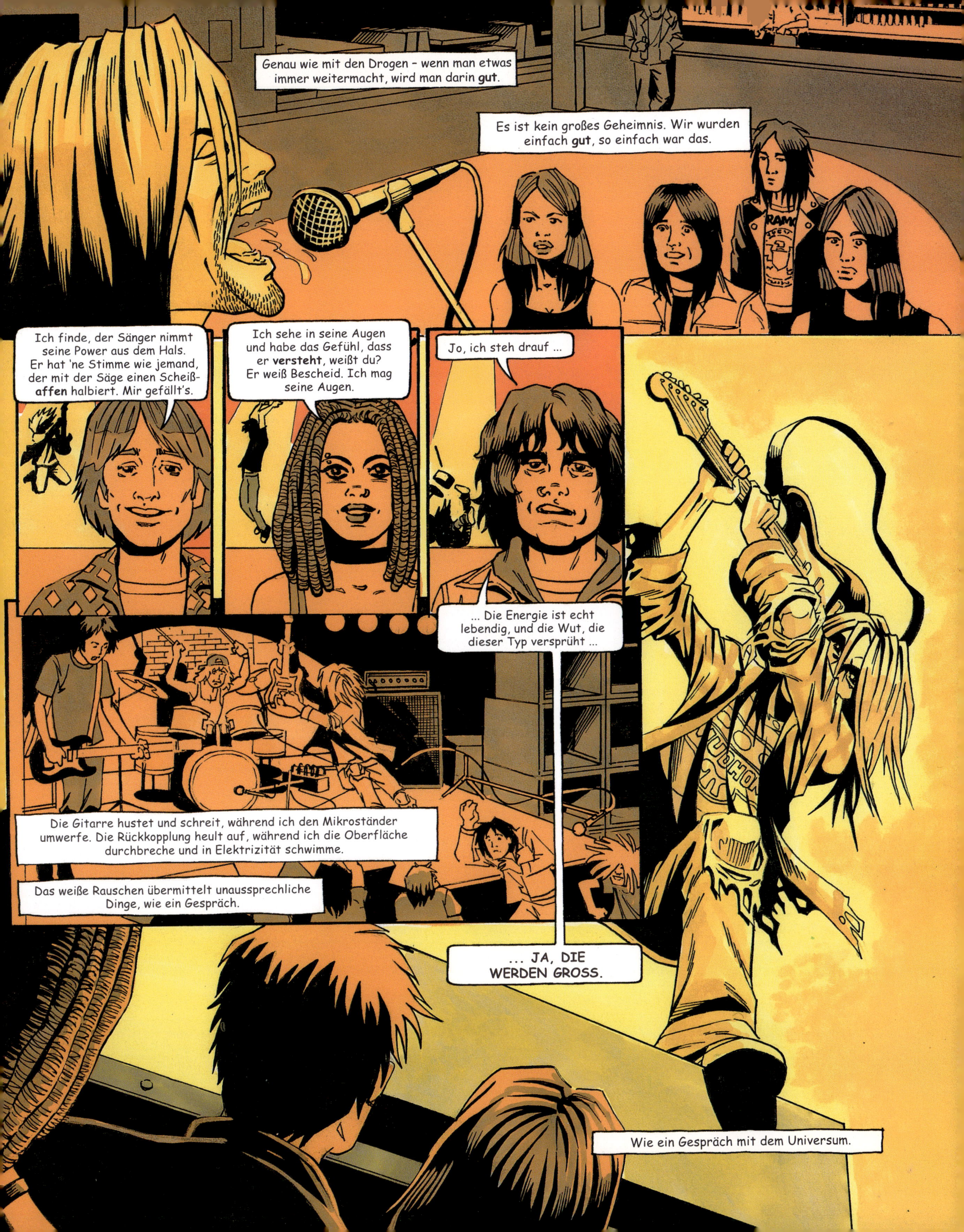
Genau wie mit den Drogen – wenn man etwas immer weitermacht, wird man darin **gut**.
Es ist kein großes Geheimnis. Wir wurden einfach **gut**, so einfach war das.
Ich finde, der Sänger nimmt seine Power aus dem Hals. Er hat 'ne Stimme wie jemand, der mit der Säge einen Scheiß-**affen** halbiert. Mir gefällt's.
Ich sehe in seine Augen und habe das Gefühl, dass er **versteht**, weißt du? Er weiß Bescheid. Ich mag seine Augen.
Jo, ich steh drauf ...
... Die Energie ist echt lebendig, und die Wut, die dieser Typ versprüht ...
Die Gitarre hustet und schreit, während ich den Mikroständer umwerfe. Die Rückkopplung heult auf, während ich die Oberfläche durchbreche und in Elektrizität schwimme.
Das weiße Rauschen übermittelt unaussprechliche Dinge, wie ein Gespräch.
... JA, DIE WERDEN GROSS.
Wie ein Gespräch mit dem Universum.

Bald sang das Publikum meine Songs mit. Sie pogten herum wie eine riesige organische Masse, die eine universelle Katharsis erlebt. Urinstinkte wurden freigesetzt und durch irgendeine neue, geheimnisvolle Information vereint. Sie schrien mit mir. Jetzt kamen Leute nach den Auftritten auf mich zu, um über meine Worte zu sprechen.
Wir wurden zum Schlagwort, das diejenigen, die unsere Ankunft mit existenzieller Freude erwarteten, sich in den dunklen Ecken der Veranstaltungsorte zuflüsterten. Sie gruben sich zur ersten Reihe vor, so wie jemand, der unter einer Lawine verschüttet liegt, sich einen Weg ans Licht gräbt. Zumindest solange er weiß, wo oben ist.
Es heißt, dass man ausspucken soll, wenn man unter einer Lawine begraben ist. Dann guckt man, in welche Richtung es läuft, und kann feststellen, wo oben und unten sind. Dann weiß man, in welche Richtung man graben muss, um wieder an die Oberfläche zu kommen.
RAMO
Aber allmählich habe ich keine Spucke mehr. Ich weiß nicht, wo oben und wo unten ist.

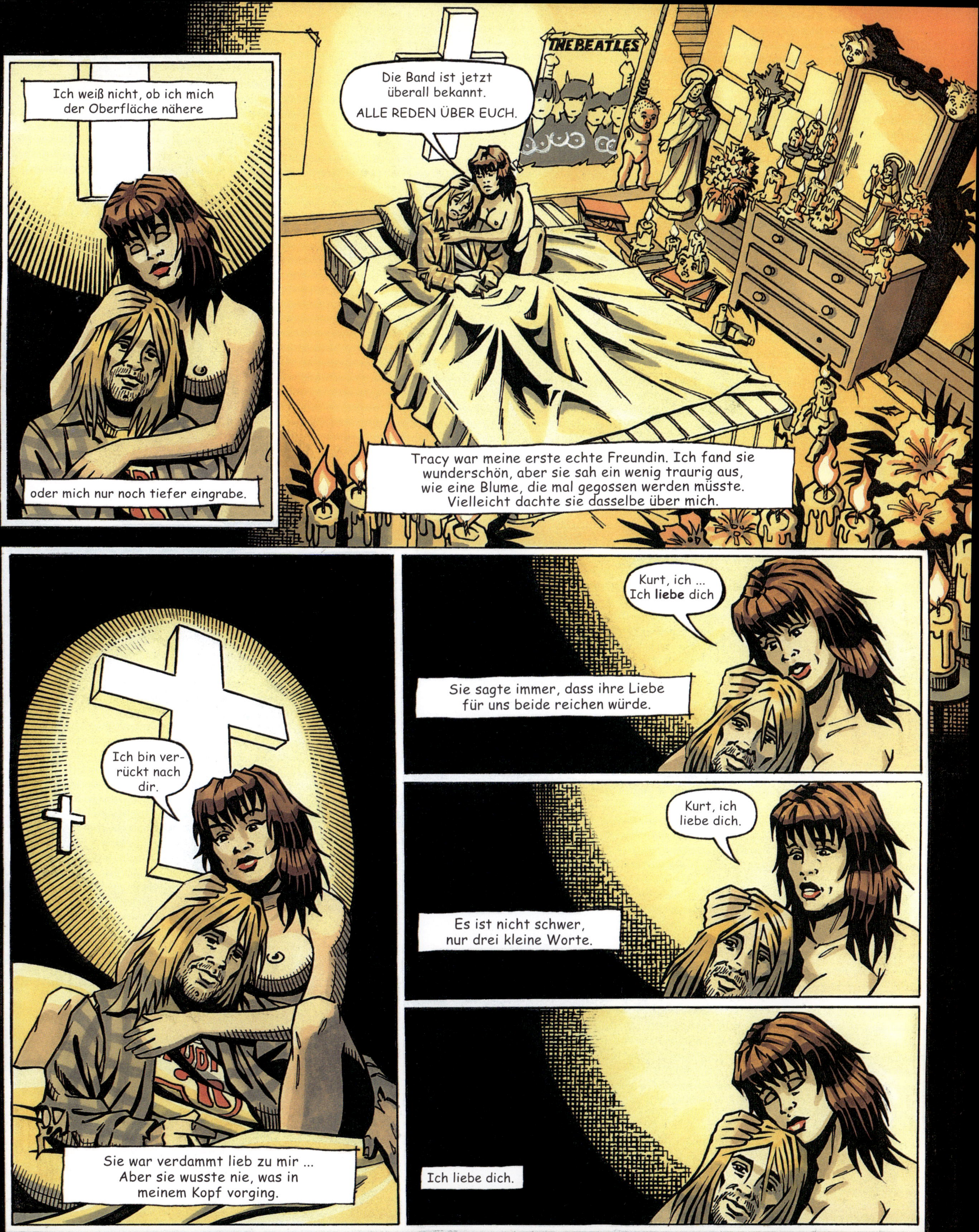

Ich weiß nicht, ob ich mich der Oberfläche nähere
oder mich nur noch tiefer eingrabe.
THE BEATLES
Die Band ist jetzt überall bekannt. ALLE REDEN ÜBER EUCH.
Tracy war meine erste echte Freundin. Ich fand sie wunderschön, aber sie sah ein wenig traurig aus, wie eine Blume, die mal gegossen werden müsste. Vielleicht dachte sie dasselbe über mich.
Ich bin verrückt nach dir.
Sie war verdammt lieb zu mir ... Aber sie wusste nie, was in meinem Kopf vorging.
Kurt, ich ... Ich **liebe** dich
Sie sagte immer, dass ihre Liebe für uns beide reichen würde.
Kurt, ich liebe dich.
Es ist nicht schwer, nur drei kleine Worte.
Ich liebe dich.

Unterwegs in einem nach Pisse stinkenden Minibus zusammengequetscht versuchten wir, in den engeren Kurven nicht von fliegenden Verstärkern getötet zu werden.
JESUS LIEBT DICH!!! HA HA HA!!!
Wir fuhren von Stadt zu Stadt und verbreiteten das weiße Rauschen in jeder räudigen Bar der USA. Ich kam mir vor wie ein Kind in einem Süßwarenladen.
Ich hörte diesen Witz: Wie nennt man jemanden, der mit den Musikern abhängt? Einen Drummer.
Jetzt geht's los, ihr Raufbolde.
Zieht euch unseren neuen Drummer rein, Chad Channing. Es war schön, ihn dabei zu haben: Wir brachten uns gegenseitig zum Lachen. Ich fand, dass er wie ein Heinzelmännchen aussah ... wie ein glücklicher Kobold. Der glückliche trommelnde Kobold.
Ich höre immer, dass Kids davon träumen, in einer Band zu spielen, ganz groß rauszukommen und ein massenhaftes Publikum zu erreichen, und ich weiß nie, was ich ihnen sagen soll. Sie sagen, es sei schwierig. Sie sagen, es sei die schwierigste Sache der Welt.
Bei uns schien alles ganz einfach zu sein. Bei jedem Konzert waren die Leute noch ein bisschen erstaunter. Bei den ersten Konzerten haben wir so viele Leute erstaunt. Es entwickelte sich eine Eigendynamik, und wir hatten keine Kontrolle darüber. Wir hatten nichts damit zu tun.
Es war, wie von einem Scheißbaum zu fallen.
Ich tat das, wovon ich immer geträumt hatte.
Ich war in einer Band.
Ich war im Nirvana.

Ungefähr zu dieser Zeit besorgten wir uns einen Plattenvertrag.
CAFE ROMA
Wenn man es so nennen will.
Bruce Pavitt und Jonathan Poneman vom Label SUB POP. Experten darin, den kaufkräftigen Dollar der Generation X gegen limitierte Vinyl-Auflagen einzutauschen. Image-Macher.
Eure Musik passt perfekt zu Sub Pop. Ihr seid die typischen »White Trash«-Kids ohne Zukunft. Darum geht es bei SUB POP!
SUB POP
Nehmt's ihm nicht übel, Jungs! HAH! HA HA!
Hauptberuflich arbeiteten sie für die Musak Corporation.
Ich meine, ich liebe eure Musik, ehrlich. Aber wir bei Sub Pop bestimmen den Kontext. Die breitere kulturelle Bedeutung. Dazu seid ihr Jungs wohl kaum in der Lage ...
Nehmt's ihm nicht übel, Jungs! HAH! HA HA!
Diese ganze **Grunge**-Szene kommt gerade erst auf. Mit dem Singles-Versand-Club, den wir gerade gegründet haben, befördern wir euch Jungs aus euren dreckigen kleinen Leben hinaus und in die Musikzeitschriften hinein.
GRUNGE?
Nehmt's ihm nicht übel, Jungs! HAH! HA HA!
Was glotzt ihr Scheißtypen denn so?
CAFE ROMA

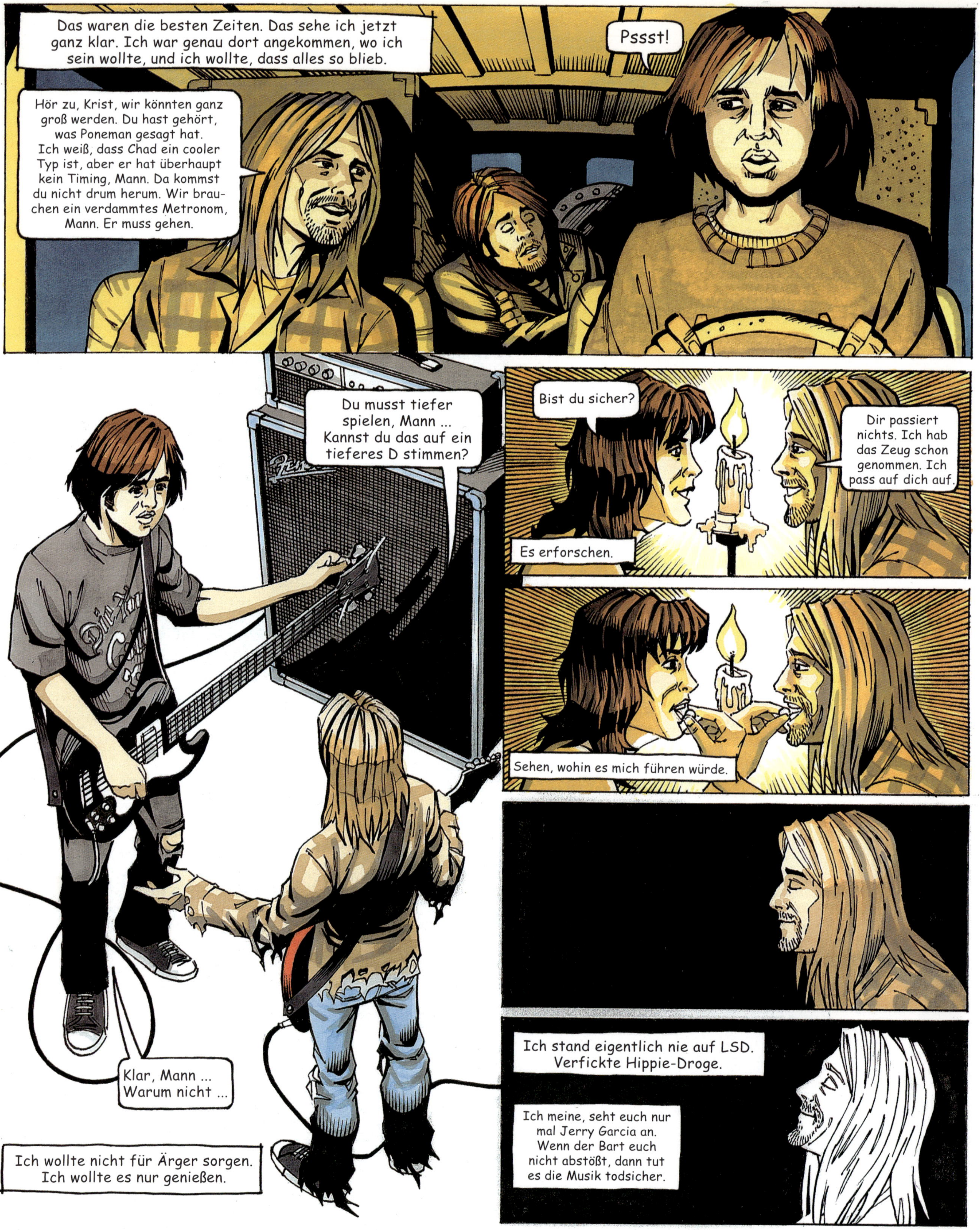
Das waren die besten Zeiten. Das sehe ich jetzt ganz klar. Ich war genau dort angekommen, wo ich sein wollte, und ich wollte, dass alles so blieb.
Hör zu, Krist, wir könnten ganz groß werden. Du hast gehört, was Poneman gesagt hat. Ich weiß, dass Chad ein cooler Typ ist, aber er hat überhaupt kein Timing, Mann. Da kommst du nicht drum herum. Wir brauchen ein verdammtes Metronom, Mann. Er muss gehen.
Pssst!
Du musst tiefer spielen, Mann ... Kannst du das auf ein tieferes D stimmen?
Klar, Mann ... Warum nicht ...
Ich wollte nicht für Ärger sorgen. Ich wollte es nur genießen.
Bist du sicher?
Dir passiert nichts. Ich hab das Zeug schon genommen. Ich pass auf dich auf.
Es erforschen.
Sehen, wohin es mich führen würde.
Ich stand eigentlich nie auf LSD. Verfickte Hippie-Droge.
Ich meine, seht euch nur mal Jerry Garcia an. Wenn der Bart euch nicht abstößt, dann tut es die Musik todsicher.

»KURT, DAS WIRD SCHON WIEDER. ICH PASSE AUF DICH AUF!«

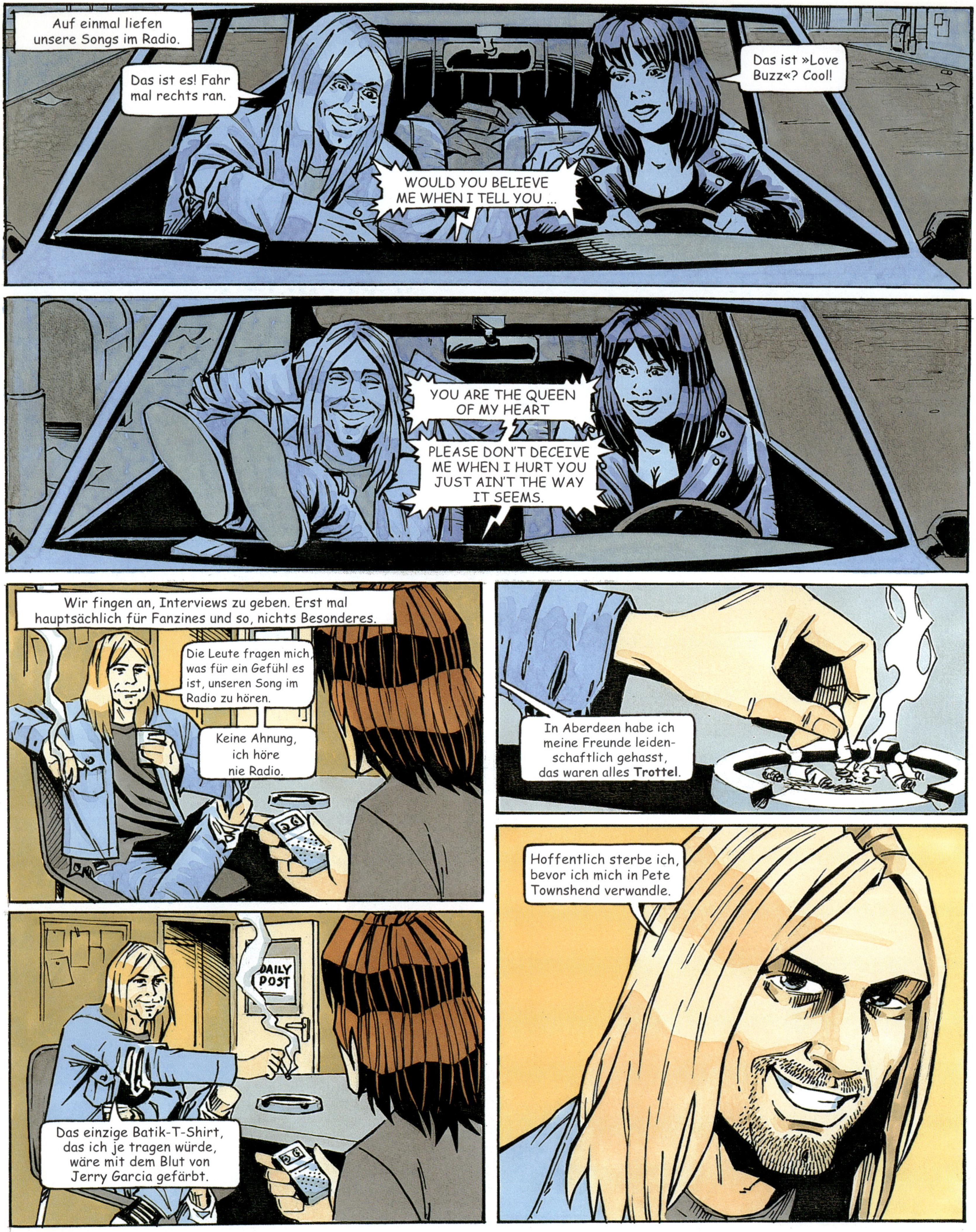
Auf einmal liefen unsere Songs im Radio.
Das ist es! Fahr mal rechts ran.
Das ist »Love Buzz«? Cool!
WOULD YOU BELIEVE ME WHEN I TELL YOU ...
YOU ARE THE QUEEN OF MY HEART
PLEASE DON'T DECEIVE ME WHEN I HURT YOU JUST AIN'T THE WAY IT SEEMS.
Wir fingen an, Interviews zu geben. Erst mal hauptsächlich für Fanzines und so, nichts Besonderes.
Die Leute fragen mich, was für ein Gefühl es ist, unseren Song im Radio zu hören.
Keine Ahnung, ich höre nie Radio.
In Aberdeen habe ich meine Freunde leidenschaftlich gehasst, das waren alles **Trottel**.
DAILY POST
Das einzige Batik-T-Shirt, das ich je tragen würde, wäre mit dem Blut von Jerry Garcia gefärbt.
Hoffentlich sterbe ich, bevor ich mich in Pete Townshend verwandle.

ROCK CITY LIVE
TAD
BLOOD CIRCUS
NIRVANA
Als ich jünger war, hatte ich diese Bauchschmerzen. Es war ein brennender, widerlicher Schmerz, wie ein Bauch voller Akkumulatorsäure. Ich glaube, das habe ich von meiner Mutter geerbt.
Vielen Dank, Ma.
melvins
the Rocket
GRUNGE
PUNKROCK
(R)EVOLUTION
LIVE
MUDHONEY
TAD
NIRVANA
UND JETZT KEHRT ER ZURÜCK, BREITET SICH AUS WIE EINE FIESE RÜCKKOPPLUNG.
NIRVANA-MELVINS
NIRVANA
the Rocket
NIRVANA
UK TOUR
MUDHONEY · TAD · MELVINS
Es wird lauter. Wächst an, breitet sich aus.
NIRVANA
LUSH
melvins
NIRVANA
NIRVANA
NIRVANA
the Rocket
KURT
COBAIN
Wird zum Monster.

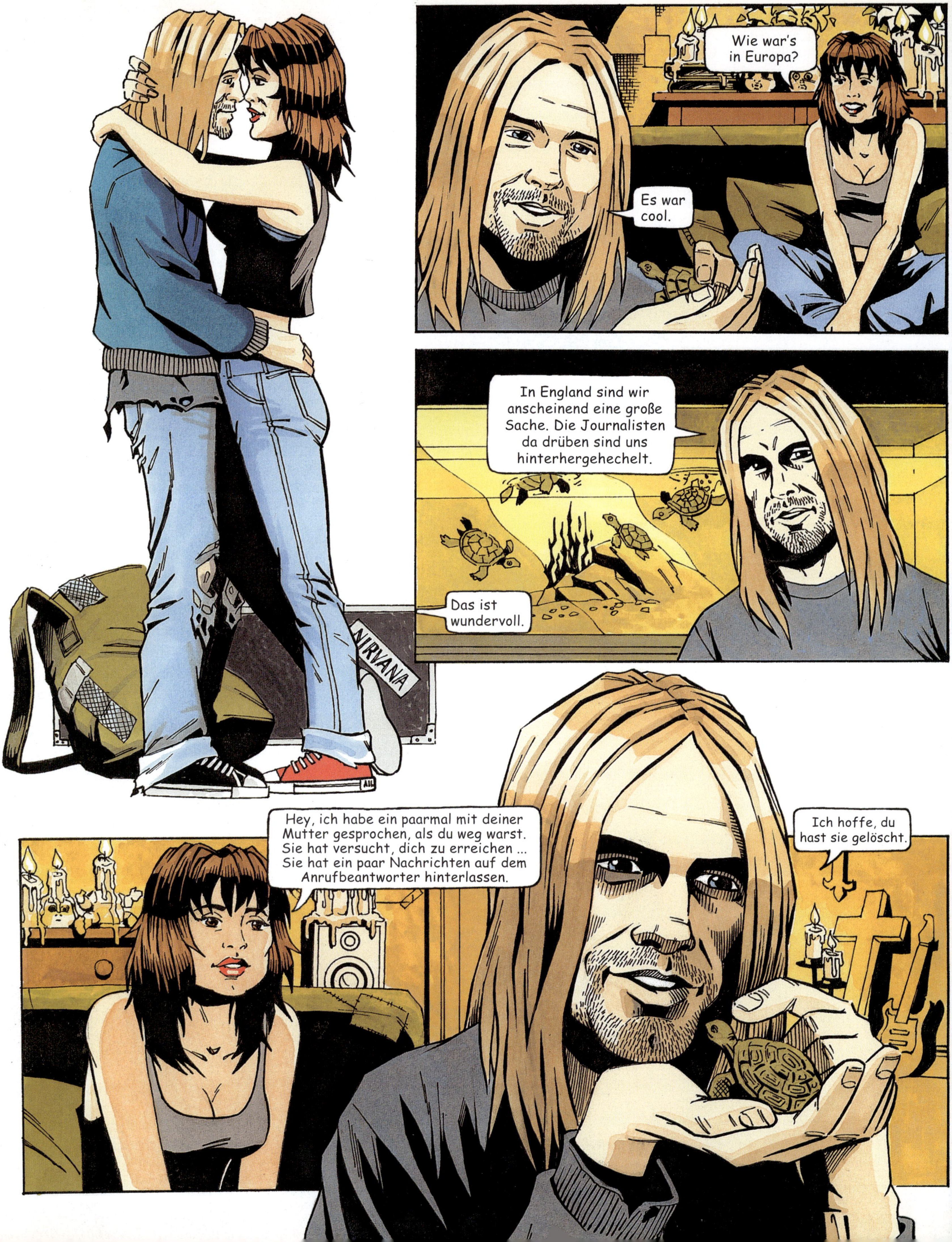
Wie war's in Europa?
Es war cool.
In England sind wir anscheinend eine große Sache. Die Journalisten da drüben sind uns hinterhergehechelt.
Das ist wundervoll.
NIRVANA
Hey, ich habe ein paarmal mit deiner Mutter gesprochen, als du weg warst. Sie hat versucht, dich zu erreichen ... Sie hat ein paar Nachrichten auf dem Anrufbeantworter hinterlassen.
Ich hoffe, du hast sie gelöscht.

Bei jedem Schrei hasst mich mein Magen ein bisschen mehr.
Jesus Krist!
Übelkeit steigt aus der Giftmüllgrube auf, die sich mein Magen nennt.
ICH KANN NICHT MEHR.

WIEDER IM WEISSEN RAUSCH
CAN YOU FEEL MY LOVE BUZZ?
CAN YOU FEEL MY LOVE ...

Darf ich vorstellen:
Unser neuer Drummer, Dave Grohl.
Marshall
Der Mann ist ein verdammtes Metronom.

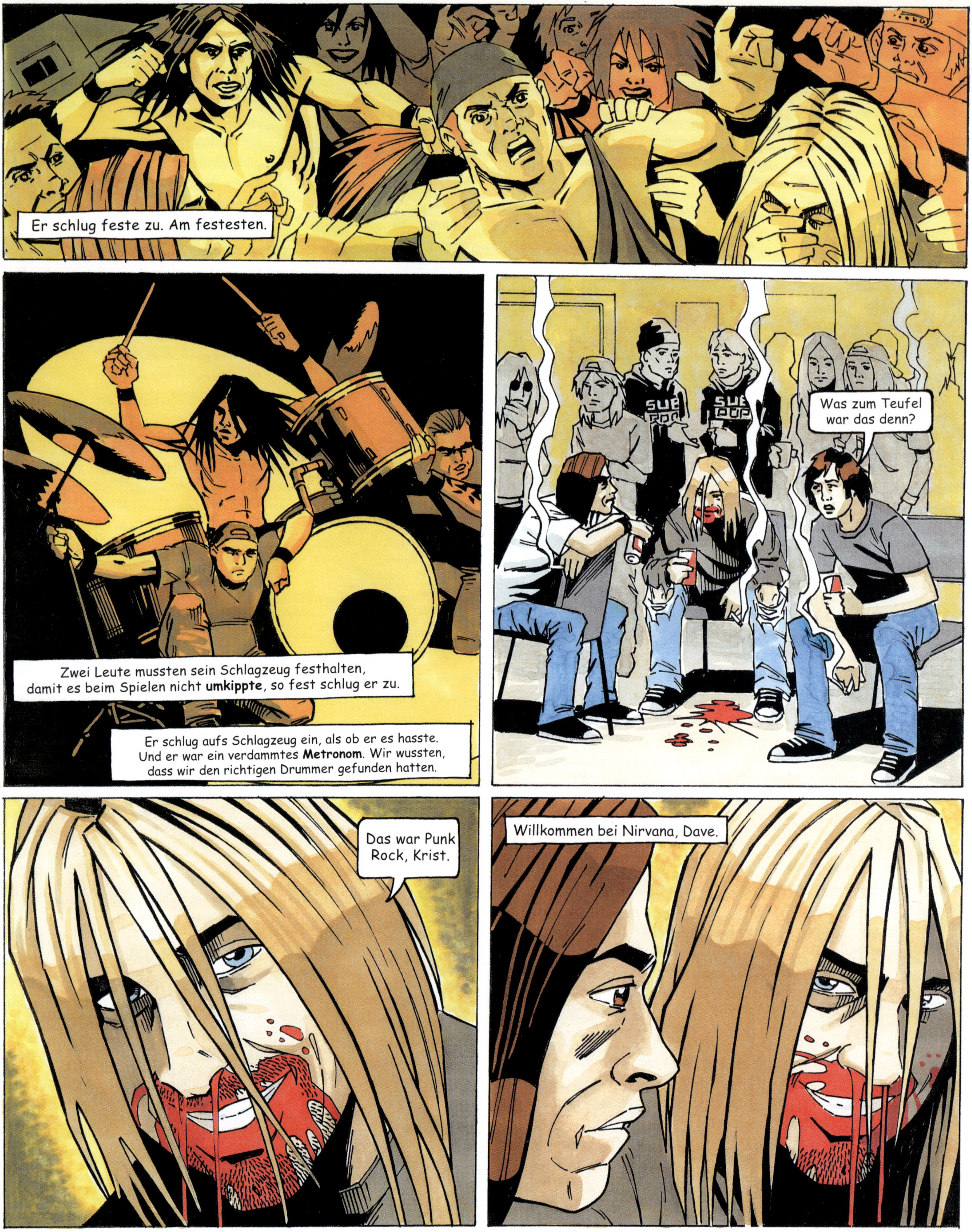
Er schlug feste zu. Am festesten.
Zwei Leute mussten sein Schlagzeug festhalten, damit es beim Spielen nicht **umkippte**, so fest schlug er zu.
Er schlug aufs Schlagzeug ein, als ob er es hasste. Und er war ein verdammtes **Metronom**. Wir wussten, dass wir den richtigen Drummer gefunden hatten.
Was zum Teufel war das denn?
Das war Punk Rock, Krist.
Willkommen bei Nirvana, Dave.

Gott, wie dünn du bist!
JA, UND DU BIST FETT, FICK DICH!

Ach komm schon, Kurt, du weißt, dass ich es nicht ...
KURT ...
Kurt, ich hab's doch nicht so gemeint ...
RAMONES
LEAVE HOME
MACH'S GUT.

David und ich mieteten in der Pear Street in Olympia zusammen eine Wohnung. Wir kannten uns zwar nicht sehr gut, aber das änderte sich bald. Er war ein witziger Typ.
Scheiße, schmeckt das gut. Von Knorpel-Burgern krieg ich 'nen Ständer.
Dinosaur Jr
PIZZA
Er zeigte mir, wie man seine eigenen Tattoos macht. Wir verbrachten eine ganze Nacht damit, mit Nadeln herumzuexperimentieren.
Nicht zu tief ritzen.
Und er hatte irgendwas an sich, das die Mädchen anzog. Eines Abends kam Kathleen Hana von der Riot-Grrrl-Gruppe Bikini Kill mit ihrer Freundin Tobi Vail vorbei.
Sie fanden es lustig, dass sie »ein Date mit Nirvana« hatten.
Wonach rieche ich? Teen Spirit? Was ist denn das?
Hö Hö Hö!
Tobi sagte immer genau das Richtige im richtigen Moment.
KURT SMELLS LIKE TEEN SPIRIT
SO HEISST MEIN DEO. ICH TRAGE **TEEN SPIRIT**.
Hörst du das? Wie mein Herz schneller schlägt? Glaub mir, das tut es! ...

Ich fing für Tobi Vail Feuer wie trockenes Brennholz.
LIZA
ZARD LOUNGE
2NITE
BIKINI KILL
HUGGY BEAR
L7
DOORS OPEN
BUZZ
Es musste noch nicht mal trockenes Holz sein.
LOS ANGELES
Sie mischte schwer in der Riot-Grrrl-Bewegung mit, ein Haufen punkiger Feministinnen, die sich in der Szene rumtrieben, coole Sprüche abließen und dachten, dass sie die Welt verändern könnten.
Bald waren sowohl ihre Worte als auch ihre Zunge in meinem Mund.
THE SLITS
Ich liebe ihren Namen: Tobi Vail. Das klingt wie die Freundin eines Superhelden, vielleicht eine Figur aus einem Comicbuch.
The sun shines in the bedroom when we play ...
RIOT GRRRL
Sie war aber nicht meine Freundin! Riot Grrrls gehören niemandem. Und sie gehörte nicht mir. Wir fickten, tanzten, stritten wie ein richtiges Paar.
Deshalb hielt es auch nicht lange. Es war das erste Mal, dass jemand mit mir Schluss gemacht hat.
... THE RAIN IT ALWAYS STARTS WHEN YOU GO AWAY ...
Es tat so weh, als wäre schwarze Tinte in mein Herz gespritzt worden. Es tat so weh wie eine Geschlechtsumwandlung. Es tat verdammt weh.

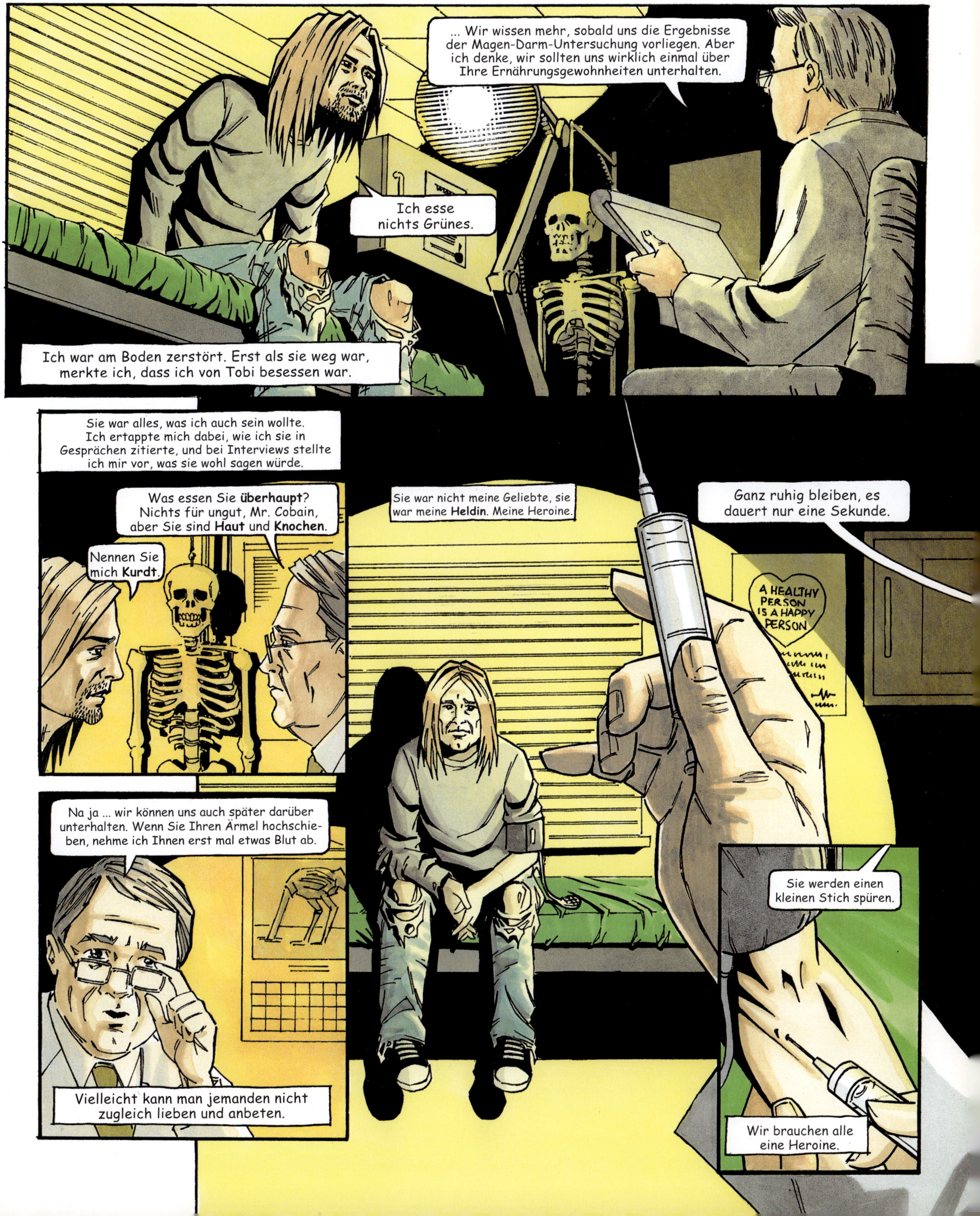
... Wir wissen mehr, sobald uns die Ergebnisse der Magen-Darm-Untersuchung vorliegen. Aber ich denke, wir sollten uns wirklich einmal über Ihre Ernährungsgewohnheiten unterhalten.
Ich esse nichts Grünes.
Ich war am Boden zerstört. Erst als sie weg war, merkte ich, dass ich von Tobi besessen war.
Sie war alles, was ich auch sein wollte. Ich ertappte mich dabei, wie ich sie in Gesprächen zitierte, und bei Interviews stellte ich mir vor, was sie wohl sagen würde.
Was essen Sie **überhaupt**? Nichts für ungut, Mr. Cobain, aber Sie sind **Haut** und **Knochen**.
Nennen Sie mich **Kurdt**.
Na ja ... wir können uns auch später darüber unterhalten. Wenn Sie Ihren Ärmel hochschieben, nehme ich Ihnen erst mal etwas Blut ab.
Vielleicht kann man jemanden nicht zugleich lieben und anbeten.
Sie war nicht meine Geliebte, sie war meine **Heldin**. Meine Heroine.
Ganz ruhig bleiben, es dauert nur eine Sekunde.
A HEALTHY PERSON IS A HAPPY PERSON
Sie werden einen kleinen Stich spüren.
Wir brauchen alle eine Heroine.

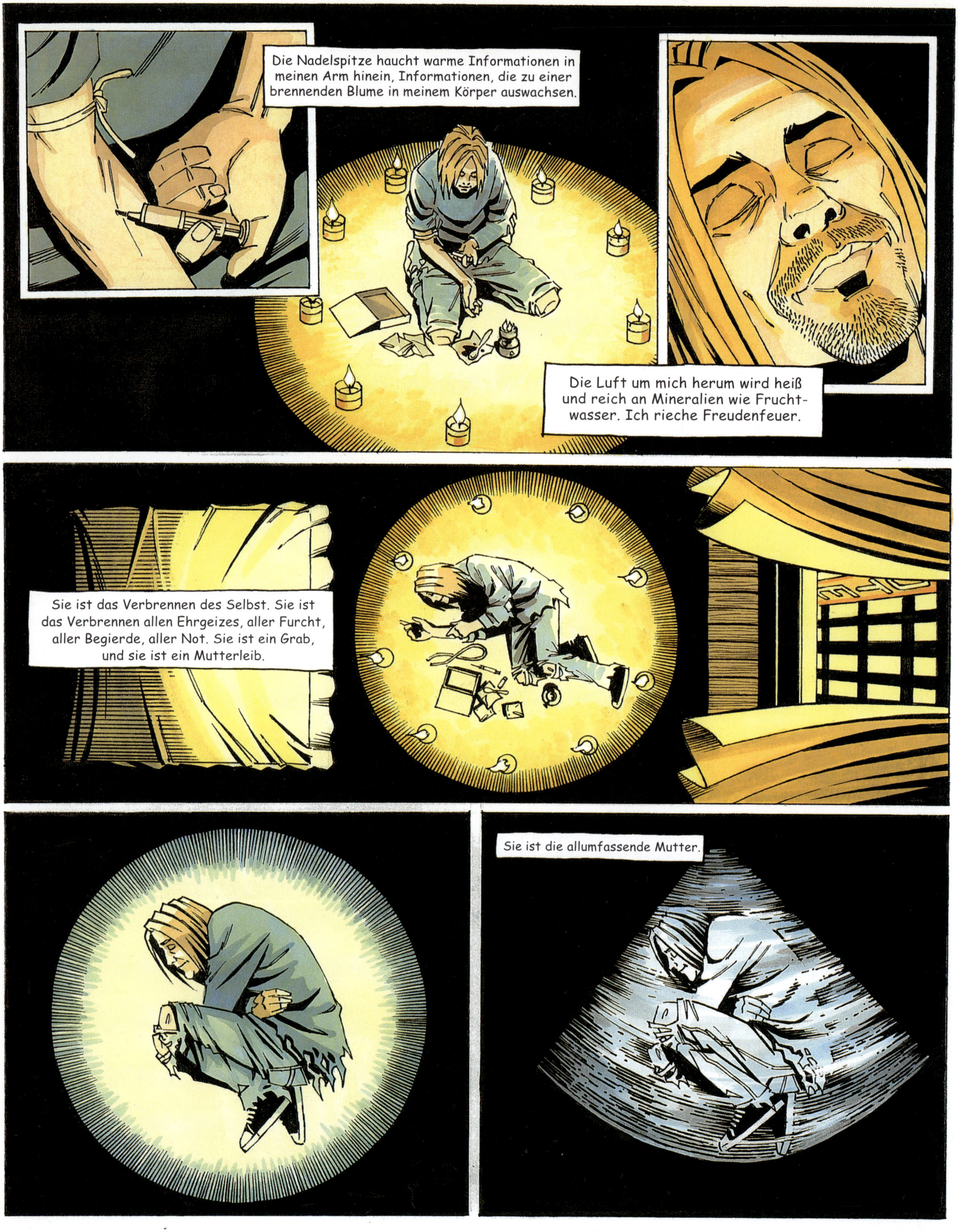
Die Nadelspitze haucht warme Informationen in meinen Arm hinein, Informationen, die zu einer brennenden Blume in meinem Körper auswachsen.
Die Luft um mich herum wird heiß und reich an Mineralien wie Fruchtwasser. Ich rieche Freudenfeuer.
Sie ist das Verbrennen des Selbst. Sie ist das Verbrennen allen Ehrgeizes, aller Furcht, aller Begierde, aller Not. Sie ist ein Grab, und sie ist ein Mutterleib.
Sie ist die allumfassende Mutter.

Sie nimmt jeden Schmerz von mir, den ich je gekannt habe.
Sie bringt die Schreie in meinem Magen zum Schweigen und steckt sie zurück in meinen Kopf, wo sie hingehören.
Sie ist mein neuer bester Freund.
Sie bringt mich dazu, mich so gut zu fühlen, wie ich mich nur fühlen kann.

Ich kannte sie vom Sehen. Sie mich wohl auch.
Hey Grunge Boy. Ich heiße Courtney.
Ich weiß.
UNK
RIOT GRRRL
SOUL ASYLUM
Ich hatte geglaubt, dass ich schon mal verliebt gewesen war.
Weißt du, du siehst so ähnlich aus wie Dave Pirner.
Anscheinend doch nicht.

HA HA HA!
HA HA HA!

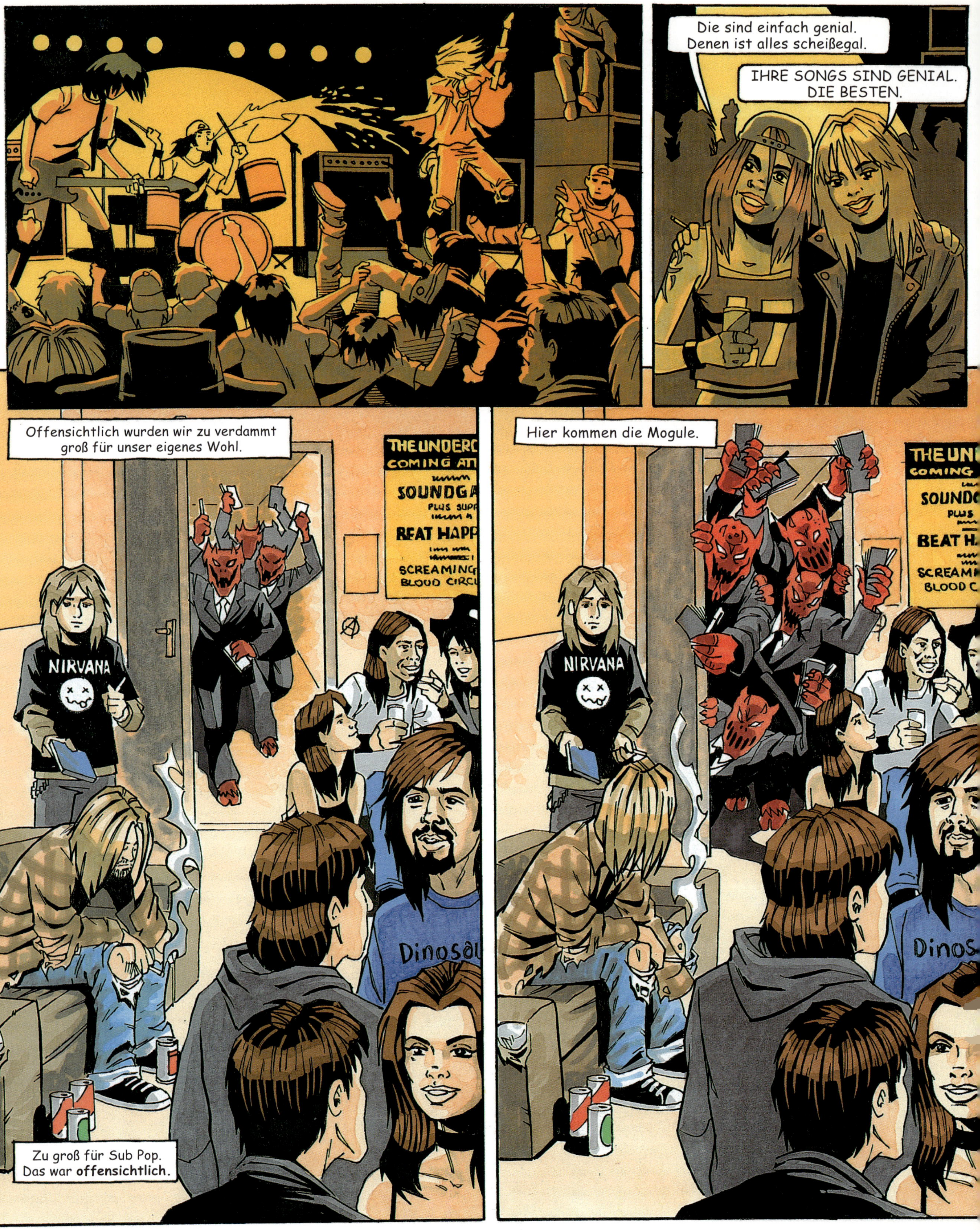

Die sind einfach genial. Denen ist alles scheißegal.
IHRE SONGS SIND GENIAL. DIE BESTEN.
Offensichtlich wurden wir zu verdammt groß für unser eigenes Wohl.
NIRVANA
Zu groß für Sub Pop. Das war **offensichtlich**.
Hier kommen die Mogule.
NIRVANA

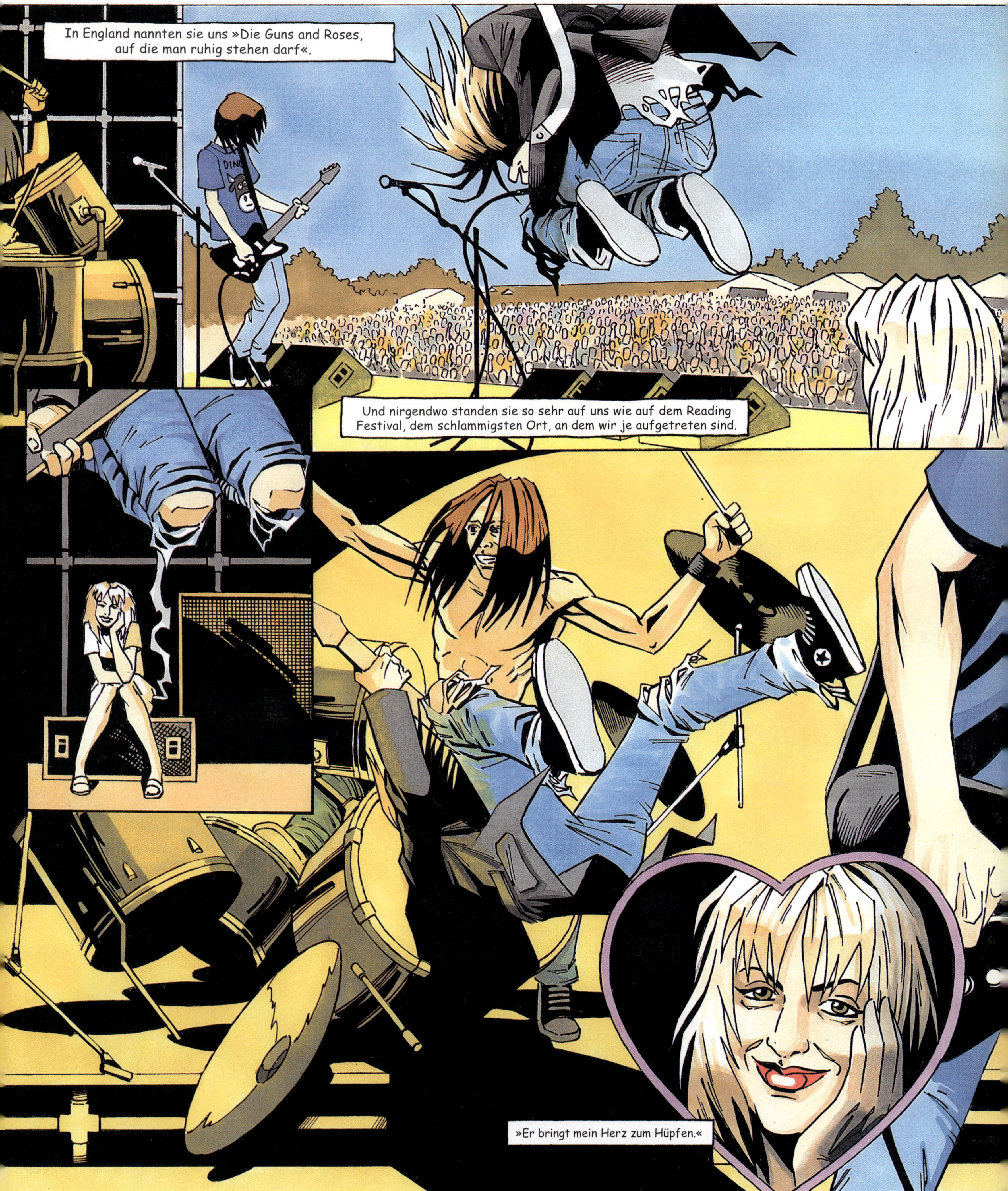
In England nannten sie uns »Die Guns and Roses, auf die man ruhig stehen darf«.
DINO
Und nirgendwo standen sie so sehr auf uns wie auf dem Reading Festival, dem schlammigsten Ort, an dem wir je aufgetreten sind.
»Er bringt mein Herz zum Hüpfen.«

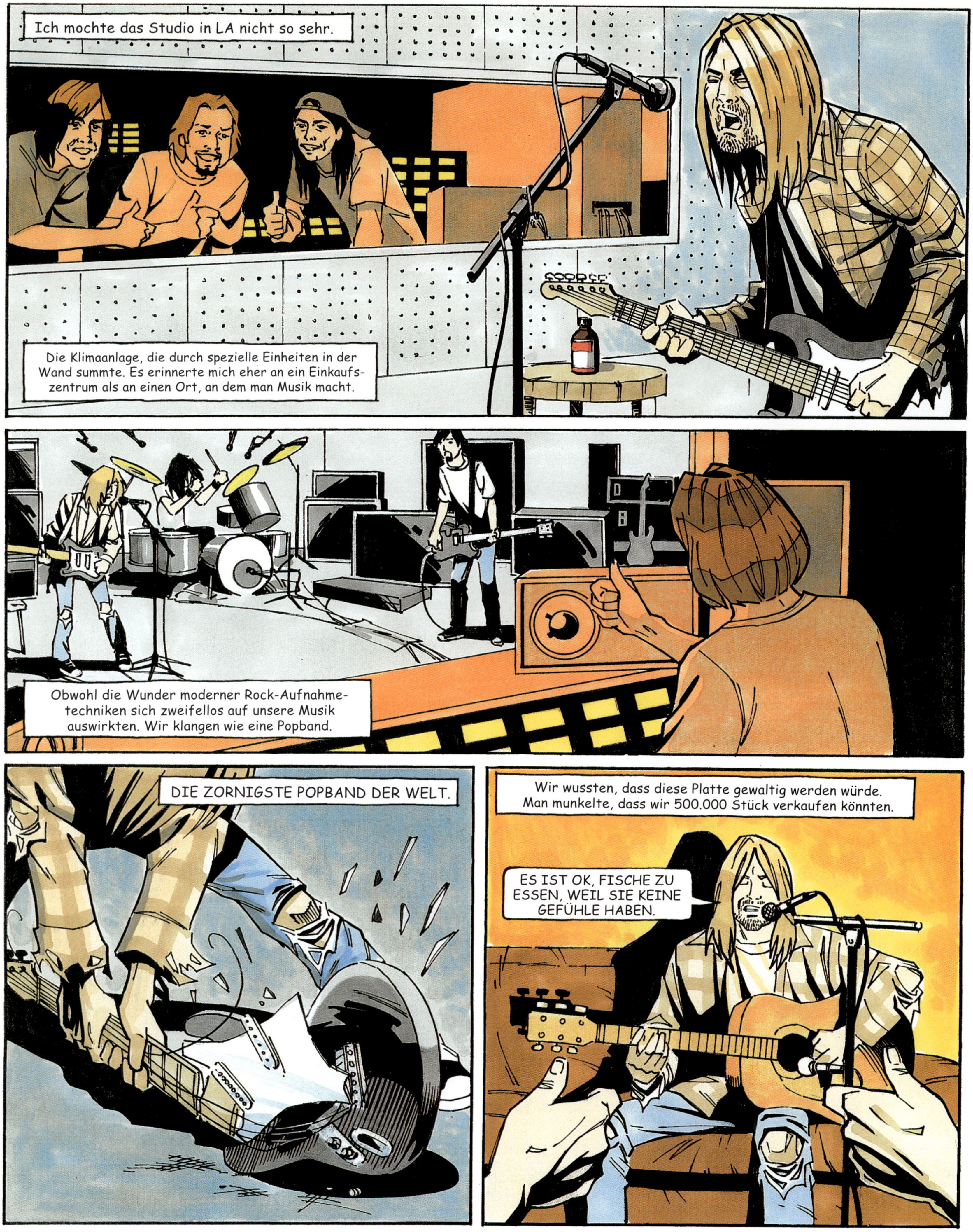
Ich mochte das Studio in LA nicht so sehr.
Die Klimaanlage, die durch spezielle Einheiten in der Wand summte. Es erinnerte mich eher an ein Einkaufszentrum als an einen Ort, an dem man Musik macht.
Obwohl die Wunder moderner Rock-Aufnahmetechniken sich zweifellos auf unsere Musik auswirkten. Wir klangen wie eine Popband.
DIE ZORNIGSTE POPBAND DER WELT.
Wir wussten, dass diese Platte gewaltig werden würde. Man munkelte, dass wir 500.000 Stück verkaufen könnten.
ES IST OK, FISCHE ZU ESSEN, WEIL SIE KEINE GEFÜHLE HABEN.

DIE RELEASEPARTY UNSERES NEUEN ALBUMS »NEVERMIND«.
NIRVANA
NEVERMIND
Der Sound vom Schlagzeug, Mann ... Riesig!
Jetzt wo der Remix drauf ist, könnten wir vielleicht vier Singles auskoppeln ...
Wo ist überhaupt die Band? Hat jemand die Band gesehen?
Wir langweilten uns sehr schnell.
Mir gefällt nicht, wie dieser Typ mich anguckt, Mann. Das ist eine klare Aufforderung zum Tanz.
HA HA HA HA! HUUUUUUUU!
Ihr Hurenböcke!
Wir waren wahrscheinlich die erste Band, die auf ihrer eigenen Party rausgeschmissen wurde.
Hey, pass auf meine Kordhose auf, du Ficker!
ZUMINDEST DIE ERSTE BAND BEI GEFFEN.

Irgendwann haben wir uns wohl verliebt, schätze ich. Was zum Teufel ist überhaupt Liebe?
Jemanden die ganze Zeit um sich haben zu müssen, um man selbst zu sein?
Jemanden zu vermissen, ein körperliches Verlangen nach ihm zu spüren, auch wenn er direkt neben einem liegt?
QUEEN

Gegenseitige Abhängigkeit, zwei diametrale Gegensätze, die ihre Macken vereinen, um ein gemeinsames Loch zu bilden?
Eine Form von Wahnsinn: all diese Zellen und Neuronen, die wie mondsüchtige Wölfe kichern?
Ja, ich schätze, wir haben uns verliebt.
Meine Erste. Meine Letzte.

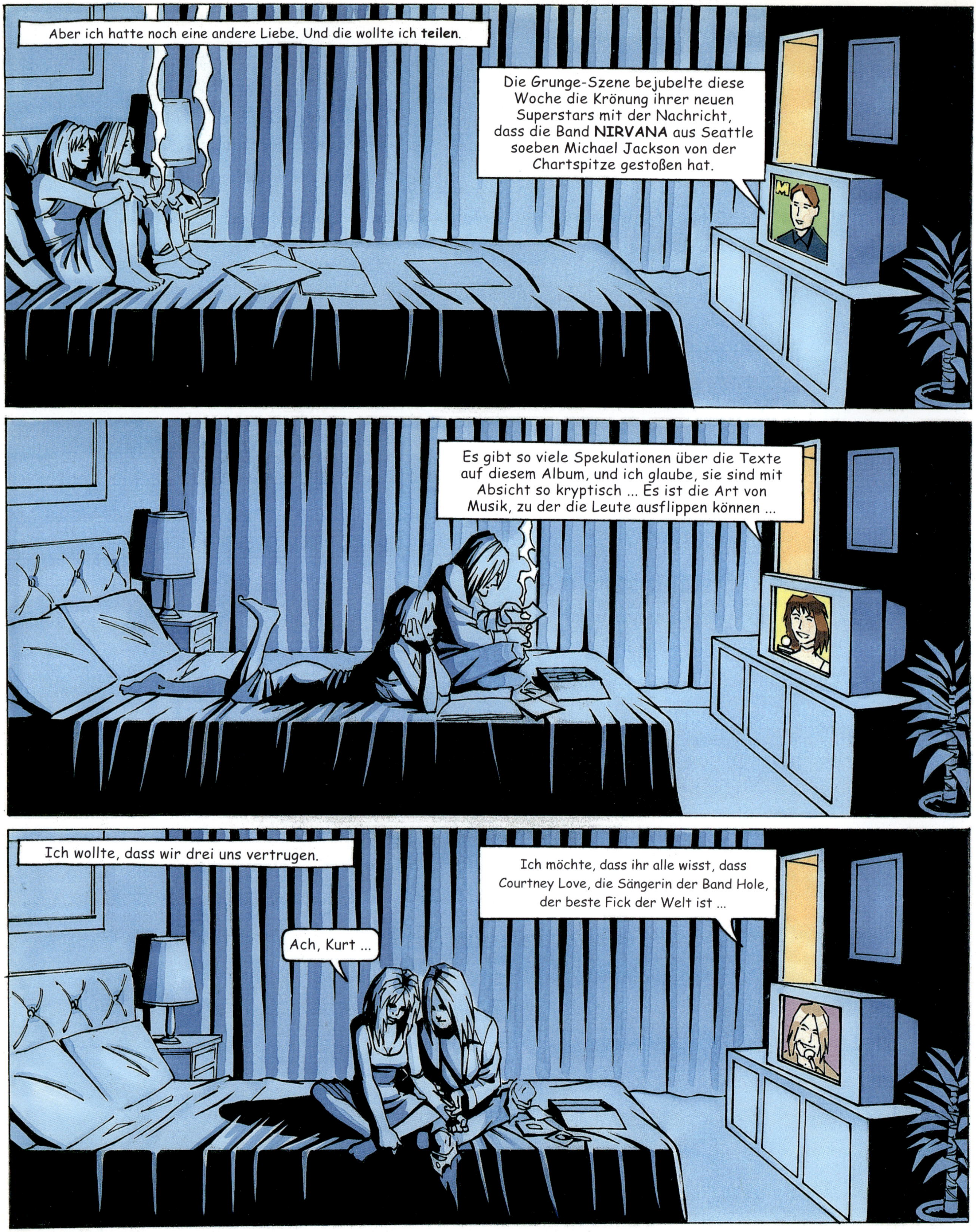
Aber ich hatte noch eine andere Liebe. Und die wollte ich **teilen**.
Die Grunge-Szene bejubelte diese Woche die Krönung ihrer neuen Superstars mit der Nachricht, dass die Band **NIRVANA** aus Seattle soeben Michael Jackson von der Chartspitze gestoßen hat.
Es gibt so viele Spekulationen über die Texte auf diesem Album, und ich glaube, sie sind mit Absicht so kryptisch ... Es ist die Art von Musik, zu der die Leute ausflippen können ...
Ich wollte, dass wir drei uns vertrugen.
Ich möchte, dass ihr alle wisst, dass Courtney Love, die Sängerin der Band Hole, der beste Fick der Welt ist ...
Ach, Kurt ...

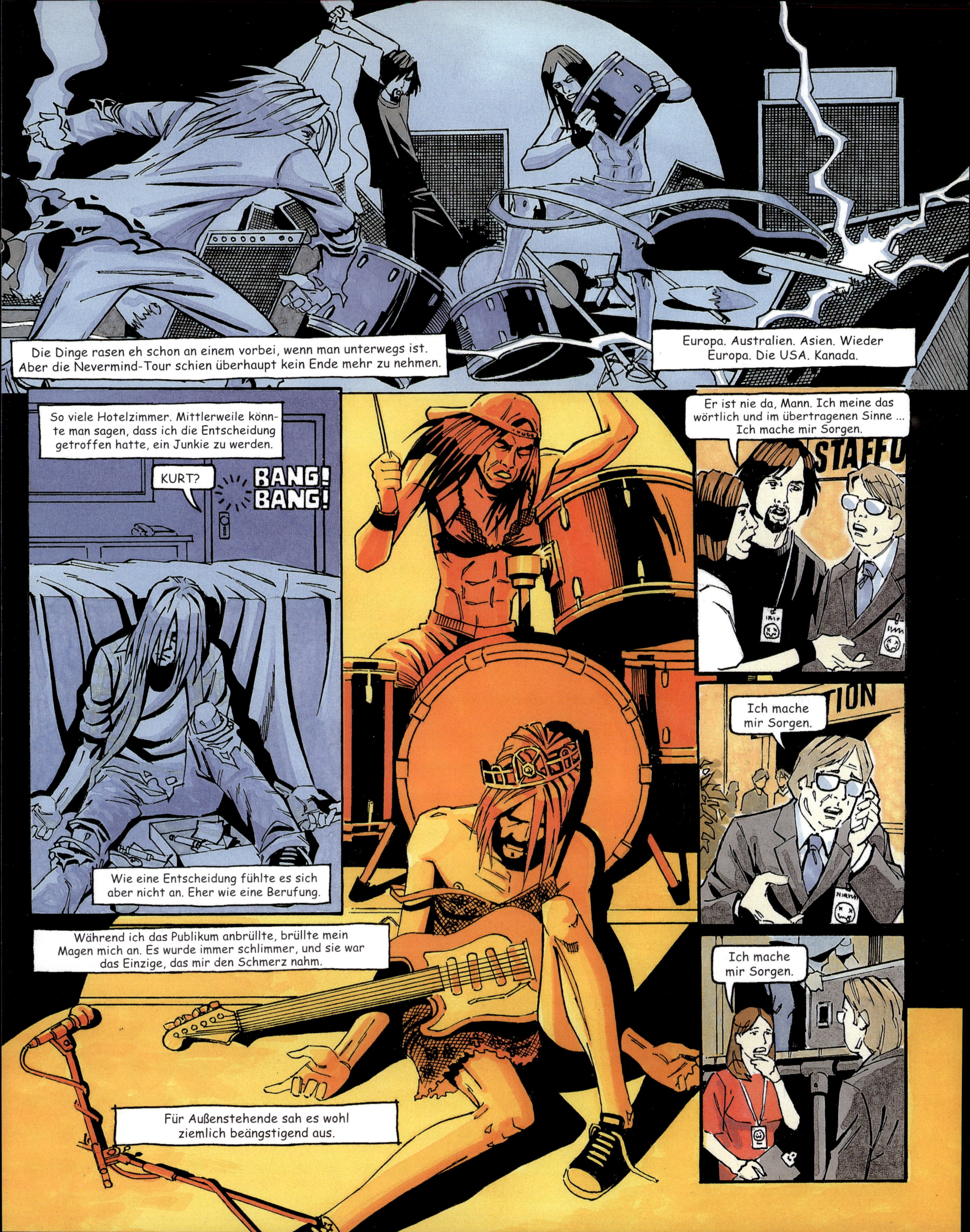

Die Dinge rasen eh schon an einem vorbei, wenn man unterwegs ist. Aber die Nevermind-Tour schien überhaupt kein Ende mehr zu nehmen.
Europa. Australien. Asien. Wieder Europa. Die USA. Kanada.
So viele Hotelzimmer. Mittlerweile könnte man sagen, dass ich die Entscheidung getroffen hatte, ein Junkie zu werden.
KURT?
BANG! BANG!
Wie eine Entscheidung fühlte es sich aber nicht an. Eher wie eine Berufung.
Während ich das Publikum anbrüllte, brüllte mein Magen mich an. Es wurde immer schlimmer, und sie war das Einzige, das mir den Schmerz nahm.
Für Außenstehende sah es wohl ziemlich beängstigend aus.
Er ist nie da, Mann. Ich meine das wörtlich und im übertragenen Sinne ... Ich mache mir Sorgen.
STAFFO
Ich mache mir Sorgen.
TION
Ich mache mir Sorgen.

Also, wie würdet ihr eure Musik beschreiben?
Als Kind saß ich in meinem Zimmer und plante, was ich in meinen Interviews sagen würde.
BBC
Was bedeutet für euch der Begriff Grunge?
Damals liebte ich die Vorstellung, dass die Leute Sachen über mich lesen und an jedem meiner Worte hängen würden.
Eure Musik ist sehr zornig ... Was macht euch denn überhaupt Spaß?
Wenn man seine Träume realisiert, sagen sie einem viel darüber, wer man ist. Und wenn man seine Träume realisiert, sollte man auch etwas damit anfangen können.
Es gibt so vieles, worüber ich nachdenken sollte, und das Einzige, was mir immer und immer wieder durch den Kopf geht wie ein Mantra, ist: »Ich will nicht hier sein.«
Ich will nicht hier sein.
SOLD OUT
Und denkt Kurt Cobain, dass das Leben Scheiße ist?
ICH WILL NICHT HIER SEIN.

Es gibt nur einen Ort, an dem ich sein will.
DIESE HIER IST FÜR MICH ...
... DIESE IST FÜR DICH ...
... und diese ist für das **Baby**, das wir bekommen werden.

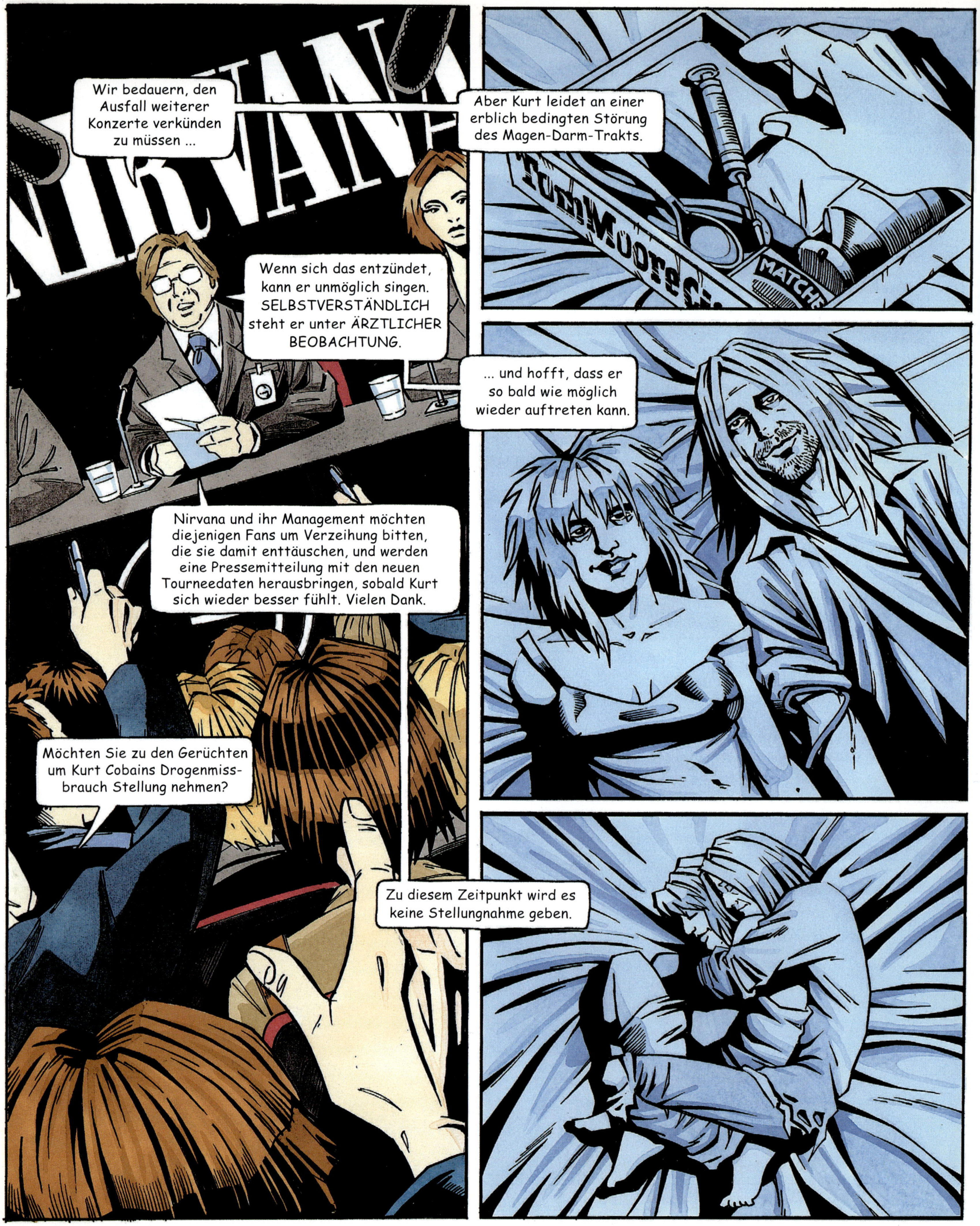
Wir bedauern, den Ausfall weiterer Konzerte verkünden zu müssen ...
Aber Kurt leidet an einer erblich bedingten Störung des Magen-Darm-Trakts.
NIRVANA
Wenn sich das entzündet, kann er unmöglich singen. SELBSTVERSTÄNDLICH steht er unter ÄRZTLICHER BEOBACHTUNG.
... und hofft, dass er so bald wie möglich wieder auftreten kann.
Nirvana und ihr Management möchten diejenigen Fans um Verzeihung bitten, die sie damit enttäuschen, und werden eine Pressemitteilung mit den neuen Tourneedaten herausbringen, sobald Kurt sich wieder besser fühlt. Vielen Dank.
Möchten Sie zu den Gerüchten um Kurt Cobains Drogenmissbrauch Stellung nehmen?
Zu diesem Zeitpunkt wird es keine Stellungnahme geben.

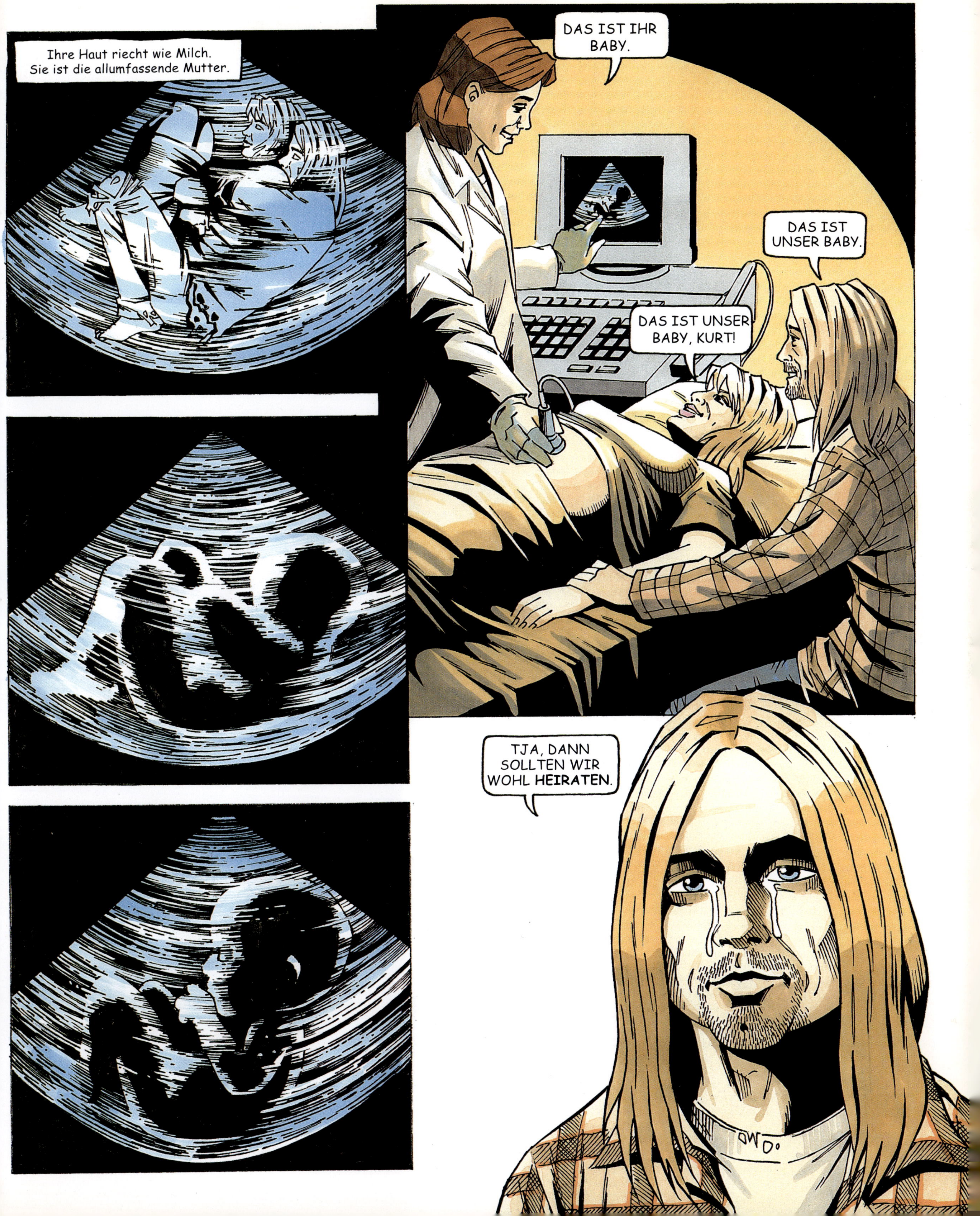
Ihre Haut riecht wie Milch.
Sie ist die allumfassende Mutter.
DAS IST IHR BABY.
DAS IST UNSER BABY.
DAS IST UNSER BABY, KURT!
TJA, DANN SOLLTEN WIR WOHL **HEIRATEN**.

Am besten Tag meines Lebens starb ich zum ersten Mal. Das war am 12. Januar 1992 in New York.
FLIP
Der Tag fing mit einem Fotoshooting bei Michael Lavine an. Wir waren schon öfters von ihm fotografiert worden, aber diesmal war es anders. Dave und Krist schienen nicht mit mir reden zu wollen.
SATURDAY NIGHT LIVE
Abends hatten wir einen Auftritt bei Saturday Night Live.
Als Kind liebte ich diese Sendung. Ich träumte davon, dort aufzutreten.
Es war so, als ob ich keine Träume mehr übrig hatte. Sie waren alle eingetreten.
GEFFEN RECORDS
NIRVANA
NEVERMIND
Es gab nichts mehr, was man verfolgen könnte.
Kein Preis, den wir nicht schon bekommen hätten.

NIRVANA
NEVERMIND
NIRVANA
NIRVANA
Rolling Stone

The Washington Post
NIRVANA ROCK JUNKIE
Spekulationen über den gesundheitlichen Zustand von Kurt Cobain, Sänger der Band Nirvana, breiten sich weiterhin aus wie ein Lauffeuer. Trotz des Dementis der Band halten sich hartnäckige Gerüchte über den Drogenmissbrauch des ...
CNN
FUCK YOU!!! YOU DON'T GET TO DO THIS!!! FUCK YOU!!!
FUCK YOU!!!
Es ist ja nicht so, als ob er noch mit uns reden würde.
Er dreht komplett durch, Mann. Das tut echt weh ... Ihr wisst, dass wir den Typen lieben, aber mit den Drogen und so weiter treibt er's einfach zu weit ...
ER HAT'S NICHT MEHR IM GRIFF!
FUCK YOU!!!

FUCK YOU!
KEUCH!
FUCK YOU!

JA, ICH WILL.
JA, ICH WILL.
Happy Ends waren noch nie meine Stärke. Wie ist denn dieses hier? Sollen wir jetzt aufhören, während wir noch obenauf sind?
Ok. Ich stand an dem Tag unter dem Einfluss von Medikamenten und konnte mich nicht besonders gut auf den Beinen halten, aber die Liebe überwindet alle Hindernisse.
SCHÖNER WIRD'S NICHT.

Medizinische Einrichtungen sind sehr flexibel. Eine Ehefrau kann auf der Entbindungsstation in den Wehen liegen, während ihr Ehemann einen Flur weiter den Schrott aus seinem System schwitzt.
Ich musste für meine **Frau clean** werden.
Wenn du glaubst, dass ich dieses Kind **alleine** bekomme, hast du sie nicht alle. Steh auf!
Für mein Kind.
Ich glaube, Courtney machte sich mehr Sorgen um mich als über die Horrorshow, die sich zwischen ihren Beinen abspielte.
Es war schwer, meinen Kopf oben zu halten. Ich **zitterte** ziemlich stark.
Aber sie hat's geschafft.
Ihre Zielstrebigkeit bestärkte meinen Entschluss, clean zu werden.
Für meine Frau. Für mein Kind.
Für meine Tochter.

Ich war so glücklich wie nie zuvor.
DIESES EINFACHE GEFÜHL. EINFACH NUR GLÜCKLICH SEIN.
Sie umklammert meinen Finger und starrt zu mir hoch und rümpft vor Verwunderung die Nase.
Sie scheint zu fragen, »Wie ist die Welt denn so?«
Ich schneide eine Grimasse, und ihr Lachen klingt so unschuldig wie ein Vogelzwitschern.
Sie ist so makellos, so neu.
Sie ist ich, und sie ist Courtney.
Wir sind eine Familie.

Aber eines Montagmorgens zerbrach unsere Welt.
Wenn diese blöde Fotze glaubt, dass sie ungeschoren davonkommt ... Was soll das heißen, ich überreagiere?!? Es geht um unser Kind!!!
FAIR
Während ihrer Schwangerschaft hatte Courtney ein Interview mit einem Pornoschundblatt geführt, das sich als Zeitschrift tarnte.
Sie beschrieben uns als Junkiepärchen, das das Leben seines ungeborenen Kindes gefährdete.
ROCK STAR'S BABY IS BORN A JUNKIE
Nirvana singer's pregnant wife boasted they took heroin – now tiny tot pays the shocking price!
Anscheinend interessierte es keinen, dass Courtney clean war, seitdem sie von ihrer Schwangerschaft erfahren hatte. Das Jugendamt glaubt wohl alles, was es liest.
Wie bei einer riesigen Masturbationsorgie geilte sich die Presse an der Geschichte auf und entzündete ein Feuerwerk. Dieser Scheißdreck wurde als die Wahrheit verkauft.
Frances wurde uns weggenommen. Meine wunderschöne Frances. Mein perfektes Baby.
Ich trug es nicht mit Fassung.
Du hast es versprochen! Wenn Frances uns jemals weggenommen wird ...
Nein ... Nein! Ich will, dass wir leben! Ich will, dass wir kämpfen

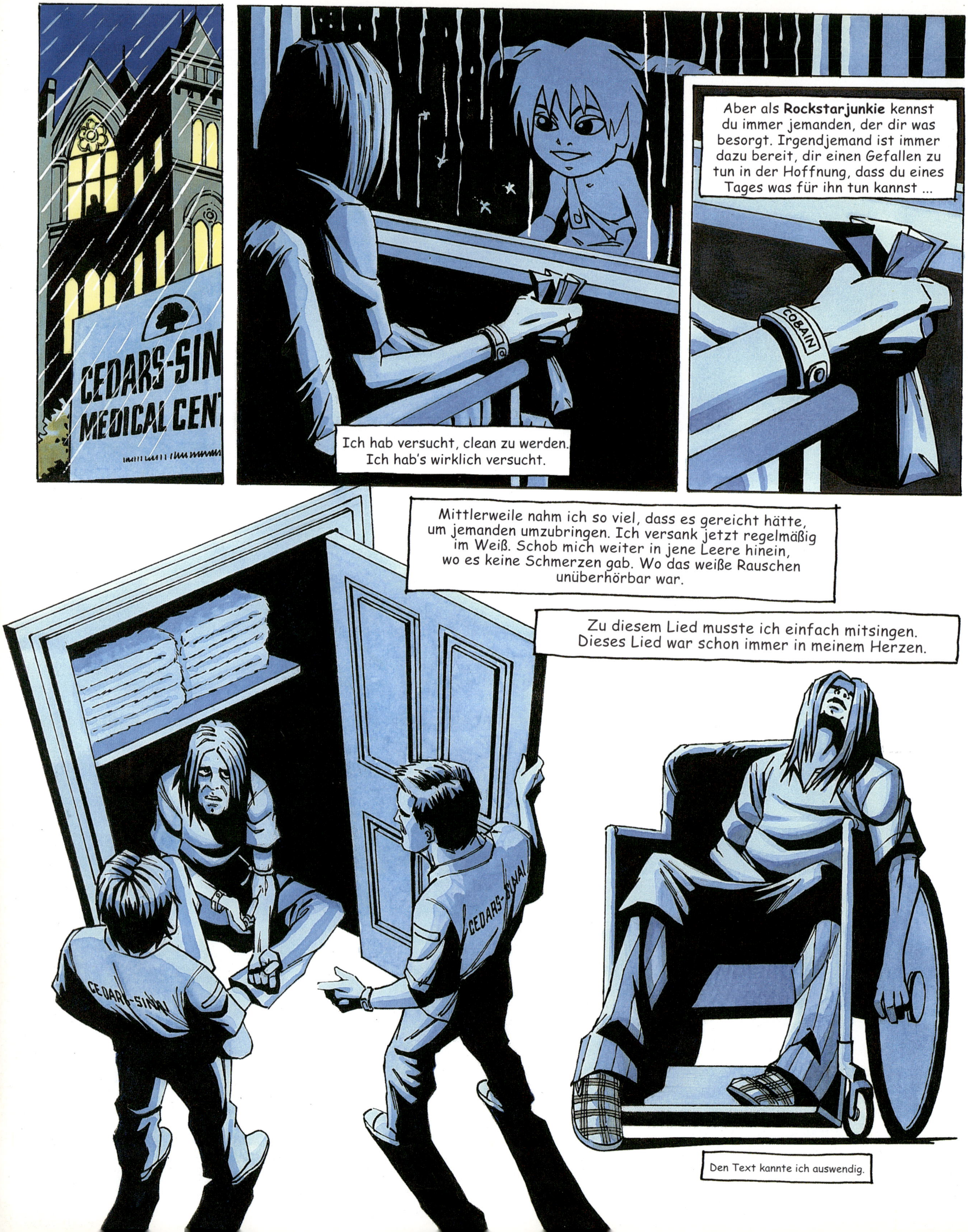
CEDARS-SIN
MEDICAL CENT
Ich hab versucht, clean zu werden. Ich hab's wirklich versucht.
Aber als **Rockstarjunkie** kennst du immer jemanden, der dir was besorgt. Irgendjemand ist immer dazu bereit, dir einen Gefallen zu tun in der Hoffnung, dass du eines Tages was für ihn tun kannst ...
COBAIN
Mittlerweile nahm ich so viel, dass es gereicht hätte, um jemanden umzubringen. Ich versank jetzt regelmäßig im Weiß. Schob mich weiter in jene Leere hinein, wo es keine Schmerzen gab. Wo das weiße Rauschen unüberhörbar war.
Zu diesem Lied musste ich einfach mitsingen. Dieses Lied war schon immer in meinem Herzen.
CEDARS-SINAI
CEDARS-SINAI
Den Text kannte ich auswendig.

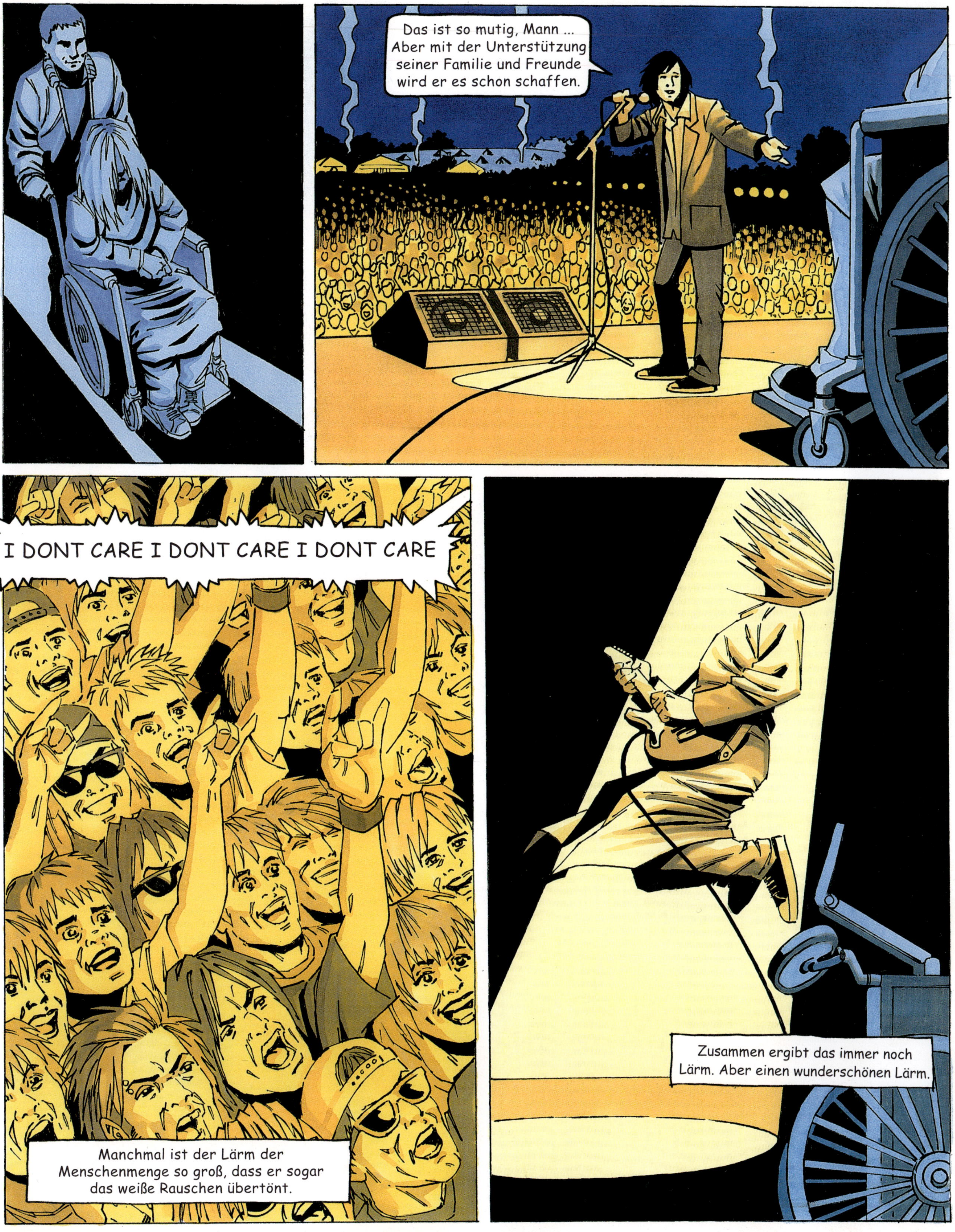
Das ist so mutig, Mann ... Aber mit der Unterstützung seiner Familie und Freunde wird er es schon schaffen.
I DONT CARE I DONT CARE I DONT CARE
Manchmal ist der Lärm der Menschenmenge so groß, dass er sogar das weiße Rauschen übertönt.
Zusammen ergibt das immer noch Lärm. Aber einen wunderschönen Lärm.

Ich hatte vergessen, wie sehr ich geliebt wurde.
70.000 Menschen, die meine Lieder singen.
ICH WILL, DASS IHR ALLE SAGT: »WIR LIEBEN DICH, COURTNEY«.
WIIIR LIIIIIEEEEBEN DIIIICH COURTNEY!!!
Das weiße Rauschen brachte die Sterne nachts zum Funkeln. Während Dave und Krist die Bühne zertrümmerten, zählte ich sie.
Das weiße Rauschen hat dich zu mir zurückgebracht.

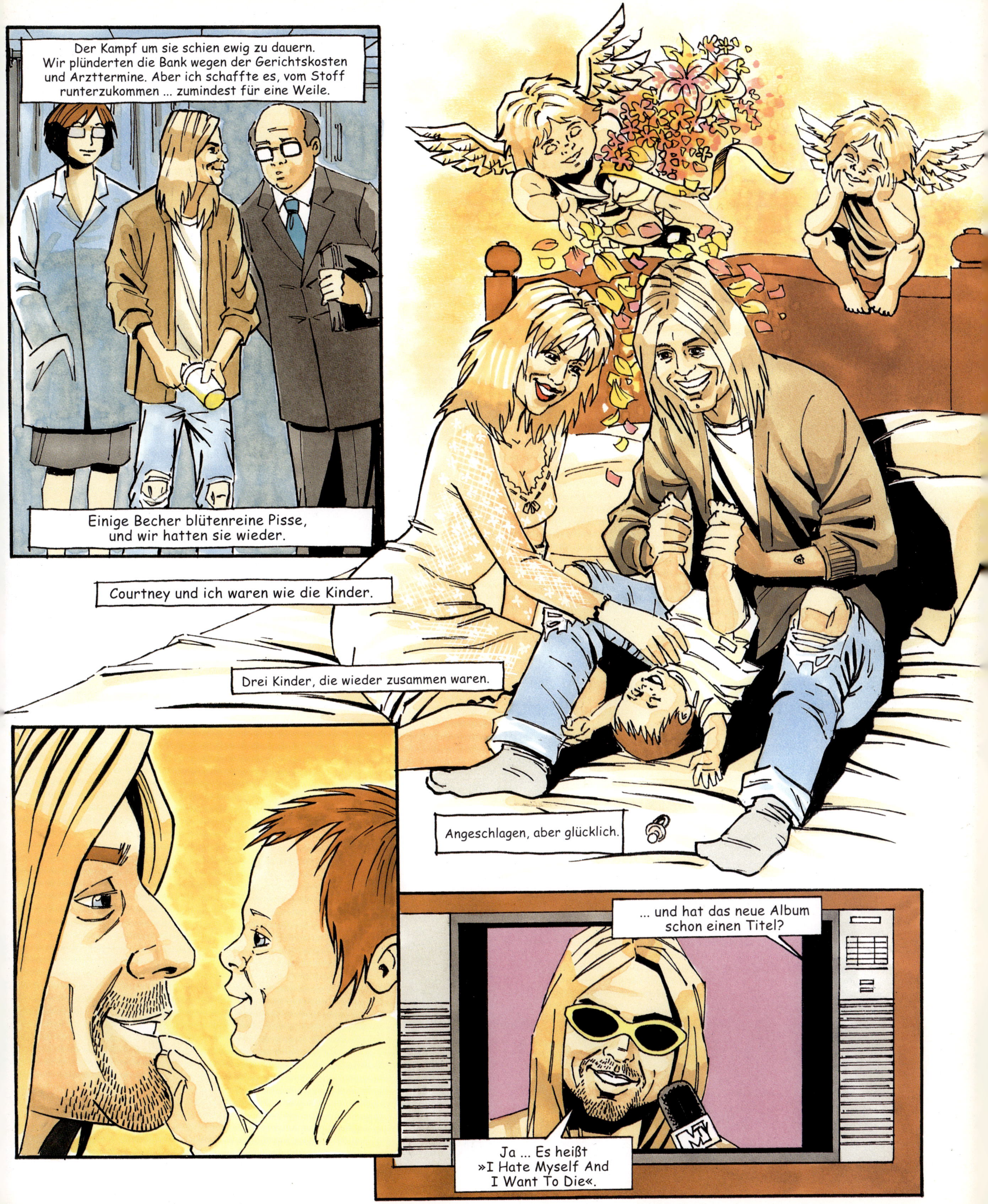
Der Kampf um sie schien ewig zu dauern. Wir plünderten die Bank wegen der Gerichtskosten und Arzttermine. Aber ich schaffte es, vom Stoff runterzukommen ... zumindest für eine Weile.
Einige Becher blütenreine Pisse, und wir hatten sie wieder.
Courtney und ich waren wie die Kinder.
Drei Kinder, die wieder zusammen waren.
Angeschlagen, aber glücklich.
... und hat das neue Album schon einen Titel?
Ja ... Es heißt »I Hate Myself And I Want To Die«.

Das neue Album wurde von Steve Albini produziert.
Er hatte es drauf, den Sound genau so aufzunehmen, wie ich ihn im Kopf hörte.
Ich war schon immer ein großer Fan.
Aber ich habe den Eindruck, dass Mr. Albini unsere Musik nicht richtig gefällt.
Wenn wir ihn fragen, wie es klingt, benutzt er immer nur Wörter wie: »schnell« oder »interessant«.
Aber es hat Spaß gemacht.
Es sah so aus, als würden wir wieder gute Stücke schreiben und uns über die Kreativität des anderen freuen.
Neue Songs entstanden.
Leider regte sich Mr. Albini ein wenig über unsere Entscheidung auf, einige Tracks zu remixen, die er produziert hatte. Wir wollten den Gesang in den Vordergrund stellen.
Hey, es waren nur **zwei Tracks**.
Es nervt, wenn sich deine Helden als Arschlöcher entpuppen.

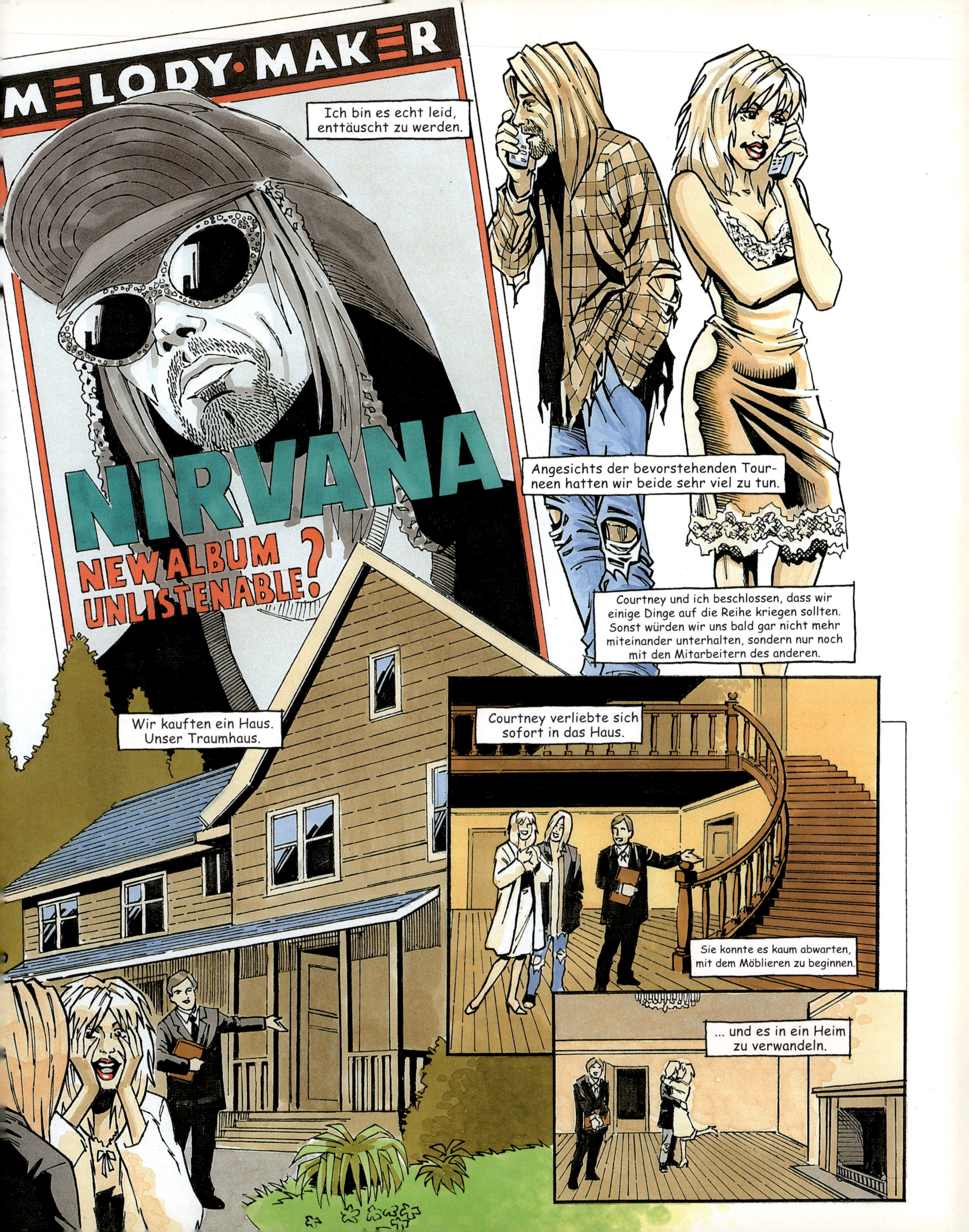
MELODY·MAKER
Ich bin es echt leid, enttäuscht zu werden.
NIRVANA
NEW ALBUM UNLISTENABLE?
Angesichts der bevorstehenden Tourneen hatten wir beide sehr viel zu tun.
Courtney und ich beschlossen, dass wir einige Dinge auf die Reihe kriegen sollten. Sonst würden wir uns bald gar nicht mehr miteinander unterhalten, sondern nur noch mit den Mitarbeitern des anderen.
Wir kauften ein Haus. Unser Traumhaus.
Courtney verliebte sich sofort in das Haus.
Sie konnte es kaum abwarten, mit dem Möblieren zu beginnen.
... und es in ein Heim zu verwandeln.

Sobald sie ihre Tournee beendet hatte.
Aus eigenem Antrieb bekomme ich nicht soviel zustande.
Mein Antrieb ist ein wenig eingerostet.
Mein Antrieb **funktioniert nicht**.

VERDAMMTER HERRGOTT NOCHMAL, SCHEISSE ...
LIEB MICH, MICH, MICH, WIR KÖNNTEN ES DOCH PROBEWEISE VERSUCHEN, BITTE ...
ES IST MIR EGAL, OB ES DIE AUSSEN-SEITERCLIQUE IST, ICH BRAUCHE EINE GANG, EINEN GRUND ZUM LACHEN ...
ICH WERDE DICH NICHT ERDRÜCKEN, ACH, SCHEISSE, SCHEISSE, BITTE ...
ICH WILL AKZEPTIERT **WERDEN.**
ICH TRAGE AUCH DIE KLAMOTTEN, DIE DU WILLST.
ICH BIN ES SO LEID ZU HEULEN UND ZU TRÄUMEN ...
ICH BIN SO ALLEIN.
IST IRGENDJEMAND DA DRAUSSEN?

Seitdem ich berühmt war, rief meine Mutter ab und zu bei mir an.
Sie verfolgte meine Karriere mit großem Interesse.
Sie und Courtney verstanden sich ganz toll. Sicher.
Mein Vater schaute ab und zu vorbei.
Zum ersten Mal seit Eiszeiten trafen wir uns wieder.
Mama und Papa zurück in meinem Leben.
Wohl kaum.

Ich kann viele Dinge nicht mehr klar erkennen. Der Traum ist jetzt schneller, nimmt an Geschwindigkeit zu.
MMM ... KURT ...
ETWAS UNVERMEIDBARES NAHT.
Sie sagten, es sei ein Hilfeschrei gewesen.
Der Meinung bin ich nicht.
Ich habe kein Geräusch gemacht.

NME
NIRVANA
IS THIS THE END?
KURT COBAIN IN DRUG COMA
COURTNEY TO THE RESCUE
CNN
Geffen Records behaupten, dass es sich **nicht**, ich wiederhole **nicht** um einen Suizidversuch handelt, sondern um eine schlechte Reaktion auf Schlaftabletten und zuviel Alkohol.
Aber Tatsache ist, dass Nirvana einen gewaltigen Karriereknick hinnehmen müssen ...
... man kann nur Vermutungen anstellen, ob sie ihn überleben werden oder nicht ...

Früher gab mir das weiße Rauschen Kraft und Energie.
Jetzt ertrank ich darin, und ich wollte raus.
Nicht in diesem Haus, du Scheißkerl! Wenn du dich selbst zerstören willst, nur zu ... Aber nicht in dem Haus, in dem unsere Tochter lebt! **Du hohler egoistischer Idiot**
YOU SELFISH FUCKING PRICK IF YOU WON'T DO IT FOR YOURSELF AND YOU WON'T
DO IT FOR ME THEN DO IT FOR FRANCIS YOU FUCKING SELF OBSES D PISCES BURNOUT
SLOB JUNKY PRICK I LOVE YOU I HATE YOU LOVE YOU E YOU ETC ETC
I'VE TRIED BELIEVE ME I'VE TRIED IT'S BE ANCES THAT
I DO THIS I'M BETTER OFF GONE FROM THIS AN'T YOU FUCKING
SEE WHAT I'VE BECOME THIS IMACIATED TTLE JUNKY ICON
THE YELLOWSKINNED DWARF THEY AL FUCKUP I NEED NOTHI
SHE WILL BE BETTER OFF WITHOUT ME WE WI ALL BE BETTER OF WITHOUT ME
Jetzt gehörten die Stimmen, die durch die Wand kamen, mir.
Mir und Courtney.
Bald wäre Frances alt genug um das zu verstehen.
Frances, Liebling ...

Mein kleiner Liebling, ich werde an deinem Altar sein.
Scheiße, Mann ... Wenn du weiterhin soviel nimmst bringst du dich damit noch um.
Nein, so sterbe ich nicht.
Ich schieße mir in den Kopf.

DU WILLST MIT DEINEN SCHEISS-KNARREN SPIELEN? ICH ZEIG DIR, WIE MAN MIT KNARREN SPIELT. WEIL DU MICH MIT DEINEM SCHEISS AUCH NOCH UMBRINGST.
NEIN NEIN NEIN *Die ist nicht gesichert. Die ist nicht gesichert!!!*
BLAHBLAHBLAH DIVORCE

Eines Tages kam ich nach Hause und spazierte mitten in eine sogenannte Vermittlungsaktion hinein.
Deine Lieben setzen dich auf einen Stuhl und hämmern auf dich ein, erzählen dir, was für ein **Scheißkerl** du bist und warum du dich unbedingt ändern musst.
Wir lieben dich, Mann, aber es geht so nicht weiter. Du bist selbstzerstörerisch. Wir kennen dich überhaupt nicht mehr.
Bitte, Kurt, lass dir helfen. Du hast jetzt eine Tochter.
Kurt, sei ein **Mann**.
Tu's für deine **Tochter**.
Wenn du dir nicht helfen lässt, lass ich mich **scheiden**.
Komm schon, Kurt. Du musst jetzt mal das **Richtige** tun.
... wir können nicht länger mit Ihnen zusammenarbeiten ...
Wenn Sie sich nicht helfen lassen, müssen wir Nirvana **fallen lassen**.
Kurt, werd endlich **erwachsen**.
Das mit Nirvana hat doch gerade erst angefangen. Lass nicht zu, dass es jetzt schon aufhört.

Also ging es ein letztes Mal zum Entzug in die Klinik.
JANE'S ADDICTION
FLY LIKE AN EAGLE
Bilder malen mit den ganzen anderen Junkies.
EXODUS
I'M LEAVING ON THE NEXT TRAIN
Die Empathie, die wieder mal in mir schmerzt.
Klasse, dass du das machst, Kurt. Wir sind alle wahnsinnig glücklich darüber, dass du endlich die Hilfe bekommst, die du brauchst, weißt du ... Na, dann machen wir uns mal wieder auf den Weg. Wir sehen uns dann morgen.
Danke, dass du mein Baby mitgebracht hast.
Tschüss, Papa.
» ... Ich hab dich lieb ...«
EXODUS
Es tut mir leid, dass ich das nicht kann. Es tut mir leid.

Sag mir, wo mein verfickter **Ehemann** ist, du Schlampe ...
VERFICKTE SCHLAMPE!
STONEFREE
BIST DU NOCH **DA**?
thestooges
WO BIST DU?
TRANSFORMER
LOU REED
PRIVATE INVESTIGATOR
Ich habe alle Ort abgeklappert, die Sie mir genannt haben. Ich habe schon zweimal das Haus geprüft ...

»... KEINER ZU HAUSE ...«
Man wird plötzlich ganz ruhig. Sobald einem ein **Happy End** eingefallen ist. Ein Gefühl der Erleichterung, ein guter **Vorsatz**.
Diesmal werde ich nichts **vermasseln**.

Lass uns gemeinsam träumen.
Es gibt keinen Weg, diejenigen zu überzeugen, die weiterleben ... Aber das kann auch ein Happy End sein.
Hole
Da bin ich mir sicher.
Hole
Der **Traum** stirbt nicht.
Der Traum **lebt weiter**.
Das **muss** ein Happy End sein.
stooges
FUCK, ICH **MACHE** ES EINFACH ZUM HAPPY END.
Selbst wenn es mich umbringt.

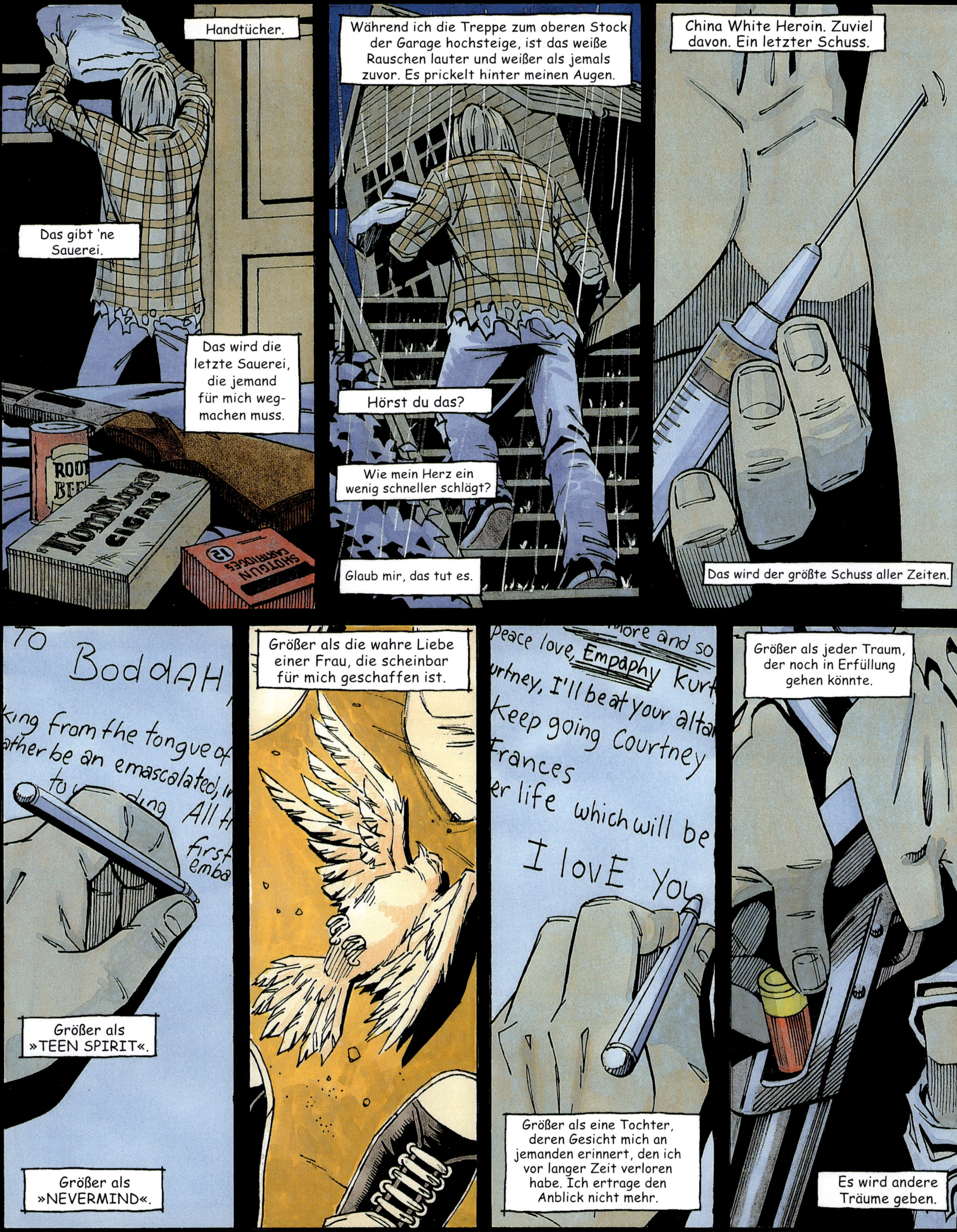
Handtücher.
Das gibt 'ne Sauerei.
Das wird die letzte Sauerei, die jemand für mich weg-machen muss.
Während ich die Treppe zum oberen Stock der Garage hochsteige, ist das weiße Rauschen lauter und weißer als jemals zuvor. Es prickelt hinter meinen Augen.
Hörst du das?
Wie mein Herz ein wenig schneller schlägt?
Glaub mir, das tut es.
China White Heroin. Zuviel davon. Ein letzter Schuss.
Das wird der größte Schuss aller Zeiten.
To Boddah
Größer als »TEEN SPIRIT«.
Größer als »NEVERMIND«.
Größer als die wahre Liebe einer Frau, die scheinbar für mich geschaffen ist.
Empaphy
Keep going Courtney
I love You
Größer als eine Tochter, deren Gesicht mich an jemanden erinnert, den ich vor langer Zeit verloren habe. Ich ertrage den Anblick nicht mehr.
Größer als jeder Traum, der noch in Erfüllung gehen könnte.
Es wird andere Träume geben.

Aber dieser Traum ...

ist vorbei.

Empire State
Chrysler
NEVERMIND
SLAM
3 PANEL SPLIT

Barnaby Legg, Autor

Seit seiner frühesten Kindheit entwirft Barnaby Legg in Gedanken Comics und andere Formen von Belletristik, und für ihn ist es eine unglaubliche Erleichterung, diese hier auch zu Papier zu bringen. Barnaby Legg wurde in Grimsby geboren, der kulinarischen Hauptstadt Europas. Er verbringt seine Zeit damit abgedrehte Popmusik zu machen und damit, große Ideen aus dem Nichts herbeizuzaubern.

Jim McCarthy, Autor

Jim McCarthy ist ein bekannter Zeichner und Comicautor. Er hat an 2000AD mitgearbeitet, dem meistverkauften Comic Großbritanniens, sowie an Bad Company, Bix Barton, The GrudgeFather und Kid Cyborg. Vor kurzem hat er sein erstes Musikbuch Voices Of Latin Rock: Music From The Streets geschrieben und designt, eine Geschichte Santanas und des Latino-Rock an der amerikanischen Westküste.

Flameboy, Zeichner

Flameboy – aus der Hölle in einen Satanskult hineingeboren. Er konnte sich zwar befreien, auf ihm liegt jedoch ein Fluch, wohl bis seine naturgegebene Zeit auf Erden abgelaufen ist. Zurzeit wird er wiedergeboren, aber die Dunkelheit versucht ihn mit allen Mitteln wiederzugewinnen. Vielleicht rettet ihn eine Comicbuch-Karriere. Er hat auch eine Website: www.flameboycomics.com.

IMPRESSUM
KURT COBAIN
GODSPEED
Sein Leben als Comic

Covergestaltung: Flameboy und Barnaby Legg
Alle Zeichnungen: Flameboy
Texte: Barnaby Legg und Jim McCarthy

ISBN: 3-89602-489-2

KATALOG
Wir senden gern unseren kostenlosen Katalog,
bitte schreiben Sie an:
Schwarzkopf & Schwarzkopf Verlag GmbH
Kastanienallee 32, 10435 Berlin
Tel: 030/44 33 63 00 – Fax: 030/44 33 63 044

INTERNET
Ausführliche Informationen zum Verlagsprogramm:
www.schwarzkopf-schwarzkopf.de

E-MAIL
info@schwarzkopf-schwarzkopf.de